Contando a História do Samba

Edinéia Lopes Ferreira
Elzelina Dóris dos Santos
Marcos Antônio Cardoso

Contando a História do Samba

Caderno de textos

3ª edição revista e ampliada

MAZZA edições

3ª edição: 2009

Idealização e coordenação editorial: Elzelina Dóris dos Santos

Coordenação de pesquisa: Marcos Antônio Cardoso

Colaboração pedagógica: Edinéia Lopes Ferreira

Revisão: Ana Emília de Carvalho

Projeto gráfico, ilustrações e diagramação: é design

Revisão Pedagógica: Rosa Margarida de C. Rocha

Santos, Elzelina Dóris dos.
S237c Contando a história do samba / Elzelina Dóris dos Santos; coordenação de pesquisa: Marcos Antônio Cardoso; colaboração pedagógica: Edinéia Lopes Ferreira. – Belo Horizonte: Mazza Edições, 2003.

80p. (Cantando a história do samba)

1. Samba. I. Cardoso, Marcos Antonio. II. Edinéia Ferreira Lopes. III. Título.

CDD: 780.981
CDU: 78.981

ISBN 85-7160-257-3

Para contatar os autores:
(0XX31) 3443-5943 – 9283-4953
e-mail: elzedoris@gmail.com
www.projetohistoriadosamba.org

Impressão e acabamento: Yangraf Gráfica e Editora

Sumário

PARTE II – ATIVIDADES PEDAGÓGICAS

PARTE III – MÚSICAS

Apresentação

A Lei 10.639*, sancionada em 9 de janeiro de 2003, pelo Presidente Luiz Inácio Lula da Silva, que "*torna obrigatório a História e Culturas Africanas e da História do Negro e da Cultura Afro-Brasileira no ensino fundamental e médio das escolas públicas e privadas*", além de modificar a Lei de Diretrizes e Base da Educação Nacional, tem sido um poderoso estímulo aos projetos educacionais cuja linha pedagógica está fortemente direcionados às manifestações e expressões mais autênticas da nossa cultura.

Desde o lançamento da primeira edição (esgotada) do Caderno de Textos *Contando a História do Samba*, em agosto de 2003, que, cada vez mais, esta publicação se tem inserido nas práticas escolares, dando vida aos dispositivos do texto da Lei. Esta segunda edição, revista e ampliada, tem os mesmos objetivos da primeira, ou seja, o desenvolvimento de um projeto educativo e cultural, de forma interdisciplinar, o que vem atender à necessidade histórica de consolidação da Lei 10.639 em todas as escolas brasileiras.

Este Caderno de Textos é um suporte pedagógico do Projeto **"Cantando a história do Samba".** Nosso objetivo é valorizar a memória social e musical do samba, portanto este Caderno é um veículo interativo no qual a informação cumpre o papel de facilitar a ação cultural que envolve o processo de aprendizagem.

Por intermédio do **samba**, educadores, professores, pedagogos, pais e alunos, agentes culturais e comunitários podem viabilizar atividades educativas e culturais simultâneas, reunindo, no mesmo espaço e tempo, história e cultura, lazer e entretenimento, onde a música busque fazer a ponte entre o samba tradicional (nossa

---

* Verificar pág. 79.

raiz), passando pela fusão de estilos musicais mais contemporâneos, como o samba-canção, a bossa-nova, o *samba-reggae*, e outras vertentes da música brasileira.

O Caderno conta parte dessa história com simplicidade e alegria, de maneira que, ao contrário dos escravistas não protestantes que permitiam que os escravos cantassem e dançassem, exatamente, para trabalharem mais, implique o princípio de um outro relacionamento com o mundo. Sempre pode existir, ao lado do trabalho, a possibilidade de interação lúdica das pessoas, a valorização do ser humano e da autoestima em todos nós.

Os *Novos Parâmetros Curriculares Nacionais* ressaltam que "[...] para que a aprendizagem da música possa ser fundamental na formação de cidadãos, é necessário que todos tenham a oportunidade de participar ativamente como ouvintes, intérpretes, compositores e improvisadores, dentro e fora da sala de aula, envolvendo pessoas de fora, no enriquecimento do ensino e promovendo interação com os grupos musicais e artísticos das localidades".[1]

O Caderno **Contando a história do Samba** quer alegria e reflexão sobre as possibilidades humanas. Apesar da excelente aceitação da musicalidade brasileira, muito pouco se conhece da história dela. Contar e cantar a história do samba é um espaço-tempo de possibilidades em que as pessoas podem abrir-se para as coisas do mundo – o sol que nasce, a água corrente, o ritmo dos seres – que abolem por um instante o fluxo do tempo cronológico, deixando que os corpos se libertem de qualquer gravidade para experimentar a sensação do presente.

O Caderno **Contando a história do Samba** quer proporcionar condições para uma apreciação rica e ampla, na qual os alunos – jovens e crianças – aprendam a valorizar os momentos importantes em que a música se inscreve no tempo e na história.

[1] MINISTÉRIO DA EDUCAÇÃO E CULTURA. *Novos Parâmetros Curriculares Nacionais.*

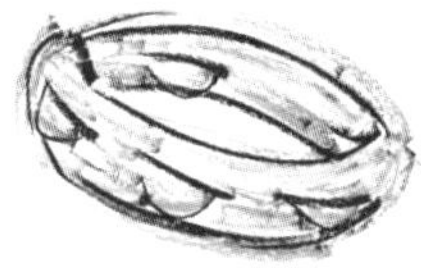

Parte I
Textos

A presença negra em Minas Gerais

É notável a presença da força de trabalho da população negra no processo de desenvolvimento econômico, desde o início da ocupação do território de Minas Gerais. Homens e mulheres que atravessaram o passa-quatro, arrancharam no pouso alegre, no passa tempo, em direção às lavras, grupiaras, datas e minas, itaberuçus, ouro fino, vilas ricas, currais do rei, picos do cauê, serras e montanhas.

No século XIX, Minas Gerais ocupava o primeiro lugar quanto ao número de negros transplantados da África para trabalhar na mineração, na lavoura, no comércio e em todos os tipos de serviços. Os quilombos foram, portanto, muitos. Os livros de viajantes estrangeiros que aqui vieram descrevem a presença negra sempre trabalhando, dançando e cantando, nas vilas e povoados.

A história do negro, entretanto, em Minas Gerais e no Brasil, foi sempre muito mal contada pelos livros. A história, até então escrita, falava do trabalho, do canto e da dança dos negros, mas não falava da luta contra a escravidão. A resistência dos africanos e descendentes teve muitas formas e muitos heróis anônimos, como ainda hoje os tem. Os quilombos se destacaram por constituírem uma forma alternativa de organização da sociedade – os negros fugiam sempre do serviço forçado para trabalhar livremente na construção de um espaço próprio. Entre os muitos quilombos que existiram em Minas, destacamos o Quilombo dos Garimpeiros, o do Ambrósio, o do Sapucaí, o do Paraibuna, o de Inficionado, o de Jabuticatubas, o de Misericórdia e o de Campo Grande. O Quilombo do Campo Grande é o mais importante pela sua duração e população de mais de 20 mil aquilombados e com uma organização muito semelhante à de Palmares. Ele surgiu das ruínas do Quilombo do Ambrósio, fortalecido após a destruição deste último. A existência dele constituía uma ameaça ao governo, pelo fato de agregar vários núcleos quilombolas.

Por outro lado, já no século XVIII, a devoção ao Rosário já se estabelecera em Minas e foram essas irmandades que alcançaram singular importância, pois dentro das quais se manifestava realmente o espírito religioso da população que congregava as mais variadas categorias sociais, reunidas com suas guardas de **Congo**, **Moçambique**, **Catupés**, **Marujos**, **Caboclos**, **Vilão**, **Caiapós** e **Tapuiada**. O ponto máximo desses encontros eram as procissões, cujos desfiles guardam fundamentos religiosos afrocatólicos. Na esteira do processo social de organização da população que acompanhou a expansão da mineração, surgiram diversas irmandades ou confrarias religiosas. Além dos objetivos religiosos que naturalmente orientavam seu funcionamento, as irmandades eram um eficiente organismo na prestação de assistência material e espiritual junto das populações pobres que as integravam.

É importante entender que a representação simbólica – coroação dos reis congos – não deixava de funcionar como um meio utilizado pela Igreja e pelo Estado, para controlar os ânimos da população escrava e, assim, assegurar o equilíbrio da ordem na sociedade escravocrata.

Também, com a descoberta das minas e a expansão da atividade mineradora, os primeiros mineradores organizaram-se em Companhias. A exploração alcançou significativa produção, exercendo grande atração sobre a população, o que ocasionou o crescimento dos arraiais e vilas, a edificação de cidades e a necessidade de uma fiscalização mais rígida nas minas.

Portanto, desde que aqui chegaram para a cultura da cana-de-açúcar, para o garimpo e a produção do ouro, os negros marcaram a paisagem física, a cultura mineira e brasileira, construindo, entre outros, respeitáveis patrimônios culturais da humanidade como os de Ouro Preto e Diamantina.

Da agricultura, passando pela industrialização do ferro, movida pela força da água abundante em Minas e que moveu a fundição do ferro, não há dúvida da presença negra, seja pelo emprego do trabalho escravo e não pago, seja pelo uso da tecnologia africana dos fornos e das forjas, que produzia boa qualidade de ferro. Em 1881, as forjas de ferro de Minas utilizavam esta tecnologia e em 1888, o ano da abolição do trabalho escravo no Brasil, os fornos já eram mais modernos e a produção em maior escala. Como exemplo, citamos a implantação da Companhia Vale do Rio Doce, que incorporou a Estrada de Ferro Vitória–Minas, fruto do "Acordo de Washington", em 1942, cujas atividades visavam suprir de jazidas minerais a indústria bélica americana e inglesa, já esgotadas pela Segunda Guerra Mundial.

Após o declínio da atividade mineradora, e da lavoura ao ferro, e do ferro à indústria de tecido e à construção das cidades, a população negra em Minas é vítima histórica do processo colonial escravista e está hoje submetida ao intenso processo de exclusão social.

Os quilombos

"Valeu, Zumbi! O grito forte dos Palmares
Percorreu terras, céus e mares, influenciando a abolição!
Zumbi, valeu"[2]

Os quilombos foram a experiência mais rica de organização e luta do povo negro brasileiro pela liberdade. Os negros se rebelaram contra a violência racial da escravidão, fugindo para terras virgens de difícil acesso e lá reorganizavam a vida em liberdade, segundo a cultura trazida da África, e resistiam militarmente aos ataques dos colonizadores brancos.

Nos quilombos, as terras e o fruto do trabalho eram de todos. O excedente da produção era vendido ou trocado por bens necessários a toda a coletividade. Os quilombolas atacavam as fazendas para resgatar escravos. Por essa razão, os quilombos tornaram-se uma alternativa muito perigosa ao sistema escravista, na medida em que, na prática, forjaram uma sociedade política, cultural e economicamente diferente, oposta e, naquele momento, mais avançada do que a dos colonizadores europeus.

Milhares de quilombos existiram em toda a história do País. Minas Gerais foi um celeiro de quilombos. Quase 200 comunidades quilombolas foram destruídas em Minas no século XVIII. Hoje, muitas comunidades negras rurais, remanescentes históricos dos quilombos em todo o Estado, estão a exigir a titularidade das suas terras.

---

[2] VILA, Luiz Carlos. Compositor do samba-enredo *Kizomba - Festa da Raça*, da Escola de Samba Unidos de Vila Isabel, interpretado por Martinho da Vila. Campeã do carnaval de 1988 – Centenário da Abolição.

Mas foi no QUILOMBO DOS PALMARES, na Serra da Barriga, no atual Estado de Alagoas, que os homens e mulheres negras escreveram as mais belas páginas de luta de libertação na América. Palmares desenvolveu lutas de grande envergadura derrotando as tropas portuguesas e holandesas, marcando com sangue a sua história. Arrebanhando escravos, tomando armas e alimentos aos senhores escravocratas, desenvolvendo culturas de subsistência, preparando guerreiros e guerreiras, os palmarinos construíram um Estado livre que resistiu durante cem anos ao exército colonial português.

Ganga Zumba, **Zumbi**, **Andalaquituche**, **Acotirene**, **Aqualtune** e **Dandara** foram os principais chefes guerreiros dos quilombos que formaram a primeira República Negra da América, cuja capital – Macaco – ficava no centro de Palmares.

Zumbi foi o principal líder de Palmares, assumindo a frente da luta e não aceitando acordo com o colonialismo português, que propôs a paz e a negociação econômica com Palmares, desde que os palmarinos deixassem de atacar as fazendas dos brancos e libertar escravos. Propuseram ao povo de Palmares que se subordinasse ao Estado, tornando-se súditos da realeza portuguesa.

Zumbi não aceitou a proposta de subordinação e rendição, tomando a chefia dos vários quilombos de Ganga Zumba, lutando pela libertação do povo negro ao jugo da escravidão. O colonialismo português organizou um exército com mais de 9 mil homens muito bem armados sob o comando do bandeirante Domingos Jorge Velho para destruir Palmares. Apesar da superioridade em armas, Palmares só caiu porque houve delação do esquema de segurança.

Com Palmares destruída, Zumbi foi assassinado no dia 20 de novembro de 1695, e a cabeça dele exposta em praça pública. Zumbi tornou-se um símbolo vivo para as gerações futuras como exemplo de luta e amor à liberdade. Por essa razão, o dia **20 de novembro, dia da morte de ZUMBI DOS PALMARES**, proposto pelo Grupo Tição de Porto Alegre, foi transformado pelo Movimento Negro no **DIA NACIONAL DA CONSCIÊNCIA NEGRA**. Mais de trezentos anos depois, essa história começa a ser contada para as crianças nas escolas. Zumbi é nosso, está vivo nos corações e mentes de milhões de pessoas que lutam contra o racismo e a violência racial a que foram submetidos os povos negro e indígena.

Os quilombos são uma referência importante para a reflexão em torno da nossa herança cultural e dos direitos sociais que a sociedade brasileira tem para com a população negra e para com os povos indígenas. A luta por direitos humanos no Brasil teve, no Quilombo de Palmares, o início das grandes conquistas históricas do povo negro. Afinal, são mais de quinhentos anos de lutas, resistência e afirmação dos povos negro e indígena no Brasil. **O povo negro é herdeiro da luta pela liberdade no nosso País.**

A herança da escravidão

"Um sorriso negro, um abraço negro
Traz felicidade
Negro sem emprego fica sem sossego
Negro é a raiz da liberdade"[3]

As principais lutas negras contra a escravidão ocorreram na primeira metade do século XIX. Neste período, as concepções libertárias e de progresso contagiaram os setores médios da população. E tais setores passaram a integrar, a partir da metade desse século, as lutas abolicionistas. Após a Independência do Brasil, caminharam em busca da República, da industrialização, unindo-se aos negros e negras pelo fim da escravidão. Foi, a partir daí, que nosso País começou a viver o primeiro processo de distensão lenta, gradual e segura.

Na realidade, a abolição do trabalho escravo no Brasil foi fruto de um conjunto de contradições vividas na época pela população brasileira e, mesmo assinada pela Princesa Isabel, por meio da Lei Áurea, não deixou de ter as suas salvaguardas: a Imigração Europeia e a direção de setores liberais.

A data do 13 de maio constituiu uma ficção histórica. Uma princesa assinou uma lei que extinguiu uma instituição – a escravidão – que já estava morta. No entanto, a historiografia oficial transformou essa data num marco histórico e a converteu no símbolo de que, no Brasil, a escravidão se encerrara por iniciativa dos "de cima" e de "modo pacífico".

---

[3] LARA, D. Ivone. Trecho do samba *Sorriso Negro*. Composição de D. Ivone Lara.

Ora, os fazendeiros de café ainda pretendiam prorrogar o uso de escravos, por meio de contratos que passaram a ser transacionados desde o auge da luta abolicionista (1885) e puniram a Coroa Imperial por essa "boa ação". O próprio Estado Imperial e, sobretudo, o regime republicano iriam compensá-los por suas "perdas". Foram indenizados com a imigração em larga escala financiada pelo poder público.

Na realidade, a Abolição é fruto da luta do povo negro contra a escravidão, dos setores liberais contra a monarquia, da ascensão do capitalismo inglês em busca de novos mercados de consumo para os seus produtos industrializados, incompatíveis com o modo de produção escravista. Era a introdução do chamado capitalismo "moderno", porém dependente e periférico em relação às grandes metrópoles coloniais.

Durante o período da escravidão, o desenvolvimento da população negra foi impedido e, após a Abolição, ela não atendia às exigências do trabalho assalariado. Mesmo os setores abolicionistas não tinham interesse algum em estimular e desenvolver a integração da população negra ao novo modo de produção instalado no País, isto é, se antes o trabalho era escravo, depois passou a ser livre, assalariado, submetido à exploração do Capital. Homens e mulheres negras foram substituídos pelos imigrantes europeus.

Os ex-escravos foram expulsos do sistema de trabalho e, onde houve abundância de mão de obra livre, nacional ou estrangeira, viram-se diante de uma tragédia. Sem condições para competir com os imigrantes ou para se deslocarem para outras ocupações, foram condenados ao ostracismo e à exclusão. Somente as mulheres negras passaram esse período trabalhando, embora submetidas a uma exploração aviltante. Os abolicionistas deram os seus compromissos por terminados. Na realidade, os abolicionistas não se sentiam compromissados com os escravos, mas com o fim da escravidão e o início de uma nova era social, aberta ao trabalho livre e ao "progresso", à aceleração do desenvolvimento urbano-comercial. O processo não foi acompanhado por uma política na qual a população negra tivesse acesso à terra e à educação.

Além disso, homens e mulheres negras defrontaram com condições de trabalho tão duras e impiedosas como antes. Os que não recorreram à migração repudiavam o trabalho "livre" que lhes era oferecido, porque enxergavam nele a continuidade da escravidão sob outras formas. Para serem livres, eles tiveram que arcar com a opção de se tornarem "vagabundos", "boêmios", "parasitas de suas companheiras", "bêbados", "desordeiros", "ladrões", etc. A estigmatização do negro, associada à condição escrava, ganhou nova densidade negativa.

Já os trabalhadores brancos (imigrantes e nacionais) forjaram, em pouco mais de um quarto de século, o trabalho livre como categoria histórica. Os demais foram naturalmente alijados desse processo e das vantagens dele decorrentes. Ficaram segregados. Essas condições histórico-sociais alimentaram a preservação de velhas estruturas sociais e mentais e criaram o refugo social, os rejeitados.

O preconceito e a discriminação racial se oculta por trás do tratamento racial assimétrico, do branco da classe dominante, das desigualdades sociais, econômicas e culturais, da concentração racial da renda. E o pior é que essa exclusão marginaliza: a discriminação fechava as oportunidades de integração ao sistema ocupacional ou as restringiam ao mínimo.

Como regra, o homem era mais facilmente contemplado com o "trabalho sujo", com o trabalho arriscado e com o trabalho mal pago e a mulher mantinha a tradição de doméstica, da prática dos dois papéis (o de trabalhar e o de satisfazer os apetites sexuais do patrão e de seus filhos) e o da prostituição como alternativa.

Essa herança da escravidão a população negra odiava, mas não podia extinguir. No entanto, homens e mulheres negras, sem apoio externo algum – e até hoje é assim –, tomaram a si a tarefa de mudar essa situação.

Durante a escravidão, o racismo forjou a ideologia da superioridade racial. Após este período, a burguesia surgida com o novo modo de produção era branca, os primeiros operários eram brancos e, em consequência, os imigrantes chegados ao Brasil não tinham origem africana.

Sem trabalho, com o estigma de escravo-coisa e não ser humano, a população negra discriminada pela sociedade foi jogada à marginalidade, às favelas, à Fome... "Roubar" em função da fome era uma das alternativas para que homens e mulheres negras pudessem continuar vivos.

Somente após a Primeira Guerra Mundial, com o processo de industrialização e o discurso getulista em privilegiar o "nacional", os homens e as mulheres negras, sobretudo os homens, começaram a integrar o processo produtivo. Transformaram-se em operários. Ao mesmo tempo, ocorria uma intensa imigração japonesa, ocupando terras cedidas pelo governo.

Sem compreender o próprio condicionamento na sociedade, a forma de organização da população negra já não era mais os quilombos. Surgiram os grupos de capoeira, as entidades recreativas e religiosas, os clubes, a imprensa negra, os grupos carnavalescos e, posteriormente, **as escolas de samba**. E tais associações sofriam violentas perseguições policiais. Na primeira *Constituição da República*, a "**Lei da Vadiagem**" justificava as prisões e as perseguições policiais aos capoeiristas, umbandistas, candomblecistas e sambistas, tratando a cultura e a religiosidade milenar do povo negro como caso de polícia.

Aqui, os setores dominantes da sociedade já não perseguiam o escravo. As classes médias não lutavam contra a abolição. Sem "dono" que justificasse a sua opressão, os homens negros eram perseguidos como marginais, desempregados, bagunceiros. Agora, o Brasil tinha uma nova organização sem escravos – com imigrantes europeus, branco-ocidental, cristã e liberal.

A população negra, na quase absoluta maioria, formava uma massa miserável, sobrevivendo como podia, sem informação e sem organização. Trazia o estigma de escravo e de um ser visto como violento e incapaz dentro da "nova" sociedade. Um ser diferente. Um animal, com cara, corpo e voz de ser humano. Homens e mulheres para serem vistos como homens e mulheres, mas não para serem tratados como tais.

Desde então, ser negro passou a ser uma vergonha para o indivíduo e um perigo para a sociedade. E a perseguição policial ao negro já não era mais um fato político, uma contraposição às suas lutas por direitos, mas uma perseguição comum. Laura de Mello e Souza ressalta que "os negros forros e fugidos" se configuram como "protagonistas da miséria", porque:

> O processo de formação do capitalismo gerou, de um lado e de outro do Atlântico, multidões de desclassificados sociais. Lá, vegetavam nas fímbrias do sistema até que a inteligência do capitalismo nascente os encerrasse em estabelecimentos especiais e, logo depois, passasse a ter neles um exército de reserva para o proletariado. Aqui, criados e deixados sem razão de ser, foram sistematicamente taxados de vadios e inaptos para o trabalho, avolumando-se durante os séculos e constituindo, na época da abolição, uma massa considerável de mão-de-obra inaproveitada. Em síntese, a camada dos homens pobres era tida como uma outra humanidade inviável pela sua indolência, pela sua ignorância, pelos seus vícios, pela mestiçagem ou pela cor negra de sua pele. A ideologia da vadiagem ganhou vida própria através dos tempos.[4]

Foi assim que na historiografia se juntaram o índio preguiçoso, o escravo negro e a mulher submissa e, apesar dos avanços na luta política das mulheres, dos negros e das nações indígenas, são ainda insuficientes as revisões históricas capazes de reconstituir os caminhos trilhados pelos negros e pelas mulheres no Brasil.

---

[4] SOUZA, Laura de Mello *et al.* *Os desclassificados do ouro*: a pobreza mineira no século XVIII. Rio de Janeiro: Graal, 1982.

A realidade social da população negra

Um dos efeitos dos mecanismos eficazes e sutis do racismo é a discriminação racial no acesso e admissão ao trabalho. Os homens e mulheres negras formam o exército de mão de obra barata nos serviços que exigem a força física. A grande maioria vive no subemprego e da prestação de serviços que não requerem mão de obra especializada.

Quando, com muito sacrifício, conseguem especializar-se num ramo da produção, são rejeitados, na maioria das vezes, pelas empresas na seleção de pessoal. O número de empresas nacionais, multinacionais e até estatais que não aceitam negros é enorme. A discriminação racial é exercida sutilmente com o beneplácito do governo. A maioria dos trabalhadores brasileiros recebe de um a três salários-mínimos, havendo ainda uma grande parcela que percebe uma remuneração abaixo do salário-mínimo oficial.

Além disso, a grande maioria da população negra vive nos bairros das periferias das cidades, nos povoados, vilas, encostas e favelas – regiões mais distantes do centro do poder, da distribuição da riqueza e do acesso à cultura e à comunicação; não tem casa própria, mora de aluguel, com baixa qualidade de vida e sem os equipamentos urbanos essenciais, tais como: saneamento básico, acesso à saúde, energia elétrica e com transporte precário, constituindo, portanto, **maiorias excluídas das cidades e da cidadania**. Essa maioria silenciosa sobrevive em áreas de máxima opressão onde se combinam os círculos perversos das condições subumanas de vida com as situações crônicas de marginalização.

O desemprego traz consigo o crescimento da informalidade e da precariedade no mercado de trabalho e apesar de as estatísticas apregoarem, ano a ano, a criação de oportunidades de trabalho, este não chegam a satisfazer o número cada vez maior de pessoas que necessitam de trabalho, mesmo em condições extremamente adversas. Além disso, a conservação da mão de obra barata e o aumento do número de desempregados são estimulados pela migração, que, deslocando-se do campo e das pequenas para as grandes cidades, pressionados pela total falta de oportunidades, vão juntar-se à massa de miseráveis.

Hoje, submetida às determinações do sistema capitalista, a população negra sobrevive no subemprego e no desemprego, em atividades de baixa remuneração, sem acesso aos equipamentos sociais e urbanos, a escolas de boa qualidade, aos bens da cultura e, cotidianamente, é empurrada à prostituição e ao crime.

Esta situação, revelada pelos altos índices de violência urbana, mortalidade infantil, gravidez precoce, abortos em condições precárias, esterilização das mulheres, AIDS, alcoolismo e drogas, produz a vitimização mais profunda no seu elo mais frágil, ou seja, nas crianças.

O cenário é desolador. Estamos diante de uma cultura do sofrimento e da violência que, na prática, trata-se do racismo cotidiano, sutil e perverso, configurando as estratégias de exclusão das maiorias dos bens culturais e sociais, da riqueza coletivamente produzida por todos e do desenvolvimento material e espiritual.

A população negra e os pobres foram sendo expulsos das ruas, das praças e dos espaços públicos – lugares de manifestação da cultura, da vida, da política, da cidadania. A festa não existe mais. Hoje, trata-se de garantir, apenas, a segurança do espaço privado da Casa-Grande. **Será que perdemos, também, a dimensão da festa e o espaço da rua, o espaço público mais democrático?**

É diante desta realidade social que cabe a atuação coerente do Estado na formulação e execução de uma política social e cultural que priorize programas e projetos setoriais que contribuam para reduzir o secular abismo existente entre homens e mulheres negros e o conjunto da população de outras origens étnicas.

Nesse sentido, o desafio do **Estado** e da **Sociedade** em garantir os direitos fundamentais a todos os cidadãos implica o reconhecimento de que vivemos num País marcado historicamente por desigualdades raciais, entre outras, responsáveis pela existência de graves desequilíbrios em termos de oportunidade e tratamento. Implica reconhecer também que o fator racial/étnico constitui elemento importante na distribuição de oportunidades de emprego, serviços educacionais e outros benefícios públicos e privados.

A noção de raça não conta, é verdade, com uma acepção científica precisa, mas, no caso brasileiro, não há como tergiversar: **a realidade de raça é social e política**, uma categoria social de exclusão, despojada de direitos e de participação política e socioeconômica.

De fato, os dados estatísticos e as pesquisas científicas comprovam que, ao lado da condição de classe, a condição racial atua como elemento determinante do lugar social e político ocupado pela população negra, submetida a uma brutal discriminação que impõe a este segmento da nossa sociedade o *status* de cidadão inferior, ou de segunda classe.

O Programa das Nações Unidas para o Desenvolvimento (PNUD), por intermédio dos Indicadores de Desenvolvimento Humano (IDH), articulou três variáveis fundamentais: renda *per capita*, expectativa de vida e escolaridade. Nesse *ranking*, o Brasil ocupa o 74º lugar. Ao aplicar a mesma metodologia do PNUD para medir as desigualdades raciais na população branca, o Brasil ocupa a 49º lugar. Já quando aplicado à população negra, o Brasil ocupa a 108º posição.

No cotidiano, o preconceito e a discriminação sistematicamente veiculados pelos meios de comunicação e pela propaganda, a violência policial e o assassinato de crianças e jovens negros, a violência contra a mulher negra, o *status* de inferioridade imposto à cultura afro-brasileira e a representação simbólica negativa presente no imaginário popular completam o círculo vicioso a que a população negra está submetida.

Portanto, a discriminação racial e as desigualdades de oportunidade e tratamento que atingem a população negra colocam em questão o alcance de políticas que tratam os cidadãos como massa composta de homens e mulheres brancos.

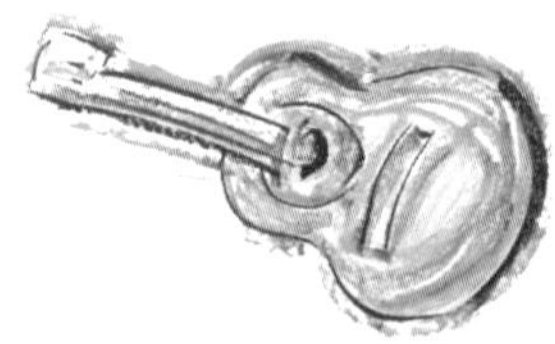

"Somos herança da memória"[5]

Muito do vasto saber das antiquíssimas civilizações africanas foi trazido e preservado nas Américas por contingentes de escravos. Os Ketu – os mais duramente atingidos, no século XVIII, nas guerras com o Daomé – contribuíram de modo especial para a manutenção das tradições nagôs no Brasil. Seus numerosos zeladores (sacerdotes) de Orixás, levados para a Bahia como escravos no início do século XIX, ensejaram a "estrutura", um modelo ritualístico estável, à qual se acomodariam mais ou menos as diferentes etnias negras ou "nações" como aqui se chamavam. Por intermédio do **terreiro** – associação litúrgica organizada (***egbé***) –, transferia-se para o Brasil grande parte do patrimônio cultural negro-africano.

A palavra patrimônio encontra aqui um lugar próprio. Ela tem em sua etimologia o significado de herança: é um bem ou conjunto de bens que se recebe do pai (*pater*, *patri*). Contudo é também uma metáfora para o legado de uma memória coletiva, de algo culturalmente comum a um grupo.

O termo tem sido utilizado, entretanto, como categoria sociológica que incorpora um conjunto de particularidades atuantes na aquisição e na transmissão da riqueza e do poder. A noção de patrimônio abrange, assim, tanto os bens físicos (uma loja, uma fazenda, dinheiro, etc.) quanto a competência técnica ou o lugar social que conquistam determinadas famílias ou grupos. Não se pode compreender a lógica patrimonial por critérios puramente econômicos, uma vez que se entrecruzam determinantes éticos, políticos e simbólicos.

---

[5] ARAGÃO, Jorge. Trecho final do samba *Identidade*.

Na verdade, o patrimônio, qualquer patrimônio, pode mesmo ser concebido como um território, tal como: 1) lugar pertinente – localização, limites – da ação do sujeito; 2) especificidade de um espaço social que o distingue do resto da sociedade ou de outros territórios; 3) zona de limites entre o social e o que não se define inteiramente em termos sociais (o não social): a biologia, a língua, a física das coisas, etc.

Por aí se entende patrimônio como uma forma, entre outras, de "**território**", pois delimita, na sociedade, um grupo distinto. É a lei desse grupo, e não qualquer critério de caráter universal, que determina a transmissão de bens econômicos ou de recursos (técnicos, simbólicos) no interior de uma comunidade específica, com traços autônomos.

O patrimônio simbólico do negro brasileiro (**a memória cultural da África**) afirmou-se aqui como território político-mítico-religioso, para a sua transmissão e preservação. Perdida a antiga dimensão do poder guerreiro, ficou, para os membros de uma civilização desprovida de território físico, a possibilidade de se "**reterritorializarem**" na diáspora por meio de um patrimônio simbólico consubstanciado no saber vinculado ao culto de muitos deuses, à institucionalização das festas, das dramatizações dançadas e das formas musicais.

A cultura, como memória, constitui-se na criação de direitos sempre renovados que emergem do processo democrático: o direito das mulheres, dos negros, dos meninos e meninas de rua, dos sem-terra, dos sem-teto, dos índios, dos homossexuais, dos trabalhadores, dos aposentados... Enfim, uma listagem que se amplia na correlação direta com a democracia, cuja característica é a produção incessante dos novos sujeitos políticos em luta pela cidadania. Historicamente, o conceito de cidadania se constrói pela superação do papel de súdito. **Enquanto o súdito é objeto das decisões do poder, o cidadão é sujeito das ações do poder.**

O Poder de Estado no Brasil se tem apropriado de forma explícita do patrimônio histórico e artístico nacional e, de forma difusa, dos meios de comunicação, dos livros didáticos, do mercado da memória brasileira. As festas nacionais, as comemorações solenes e o tombamento de monumentos pretenderam transformar em rito o passado, ocultando aspectos não oficiais dos acontecimentos. A ocultação é um dos procedimentos mais correntes nesse dispositivo de controle. Os conflitos – escravidão, guerras coloniais e imperialistas – estão entre os temas favoritos dessas operações redutoras. A memória popular, quase sempre, é expropriada, porque não dispõe de marcos físicos que lhe respaldem o testemunho.

Para os negros e os povos indígenas no Brasil, o direito a um passado próprio se confunde com o direito de existir hoje. A identificação, documentação, proteção e promoção do patrimônio cultural fazem parte da reivindicação dos movimentos sociais, como aconteceu com a Serra da Barriga, nas Alagoas, capital do Quilombo dos Palmares, e com o Ilê Iya Nassô Oká – o Terreiro da Casa Branca, na Bahia –, o mais antigo templo afro-brasileiro, inscritos no *Livro do Tombo Histórico*, ao lado das inúmeras igrejas, palácios e fortalezas, e também no *Livro do Tombo das Belas-Artes*, símbolos incontestes do poder religioso, político e militar.

Nesse sentido, o **egbé**, ou seja, a comunidade litúrgica, o **terreiro**, aparece na primeira metade do século XIX como a base físico-cultural desse patrimônio cultural, cuja primeira concretização histórica dessa matriz foi o **candomblé da Casa Branca** ou do Engenho Velho, o **Axé Ilê Iya Nassô Oká**, em Salvador, Bahia, fundado por africanos livres, dentre os quais **Iya** (Mãe) Nassô, filha de uma escrava baiana retornada à África.

Cultura negra e religião

A palavra referência, segundo Estanislau (1994), é a relação que existe entre certas coisas. Em latim, referência significa *menção*, *insinuação*, *alusão*. Uma referência conta ou relata alguma coisa por meio de palavras ou imagens. Todos nós temos referências, todos nós sabemos que onde há fumaça, há fogo. Adaptada do inglês, referência significa *fonte de esclarecimento* e, no plural, referências atestam a integridade ou idoneidade de alguém ou alguma coisa. Assim, ao mesmo tempo fonte de esclarecimento e relação existente entre coisas, referência cultural é um conceito finíssimo, porque remete à identidade e à cidadania, posto que a cultura se realiza como um direito a partir do qual os brasileiros se diferenciam, entram em conflito, recusam ou aceitam modelos, criam alternativas, tornam-se sujeitos da história, autores de sua própria memória.

Nessa perspectiva, é difícil a tarefa de conceituar o que é a cultura. De acordo com Sodré (1983), a cultura é um conceito movediço. E a questão torna-se mais complexa ainda quando se trata da cultura negra. Cultura negra é compreendida aqui como energia, força que produz um sentido para nossa existência, que afirma nossa humanidade e possibilita a unidade na pluralidade e na diversidade das nossas manifestações e expressões culturais de matriz africana e afro-brasileira. Até porque a cultura é, sobretudo, produção da vida. Manifesta-se no mundo do trabalho, na distribuição dos bens materiais e simbólicos, nas relações de poder, nos códigos morais, sociais, estéticos e religiosos. A cultura possui seu próprio desenvolvimento e sistema de REFERÊNCIAS, fundada na história do povo que a produz. A cultura "materializa" uma visão do mundo, revela uma filosofia.

A cultura assume um papel fundamental no processo de transformação da realidade social do povo negro. É inquestionável o papel da cultura para a sobrevivência da identidade negra. Por intermédio da cultura, o povo negro vem resistindo às seculares tentativas de esmagamento, criando e recriando REFERÊNCIAS que possibilitem o mútuo reconhecimento e a construção permanente da solidariedade diante de uma sociedade hostil. Neste sentido, a cultura negra tem sido, por um lado, uma fonte permanente de resistência à dominação e à violência racial e, de outro, funcionando como uma força mantenedora do equilíbrio afetivo dos homens, mulheres e crianças na nossa sociedade. Esta cultura baseada numa concepção profundamente sagrada do universo e da natureza permite encarar o meio ambiente como um sistema integrado, ao qual nos adaptamos com apoio na experiência dos que nos antecederam. A cultura negra, do ponto de vista da religião, oferece a possibilidade de atenuar os efeitos maléficos causados pela violação das leis da natureza. A essência dessa verdade ecológica está na adaptação que é fundamentalmente um fenômeno cultural. Assim sendo, estabelecer uma relação plena e recíproca com a natureza significa não só a sua defesa, mas a vida própria da cultura, a nossa sobrevivência como seres humanos e a preservação da fonte de energia de todos os orixás. Para as religiões de origem africana, não existirá plenitude humana e cultural sem meio ambiente sadio. "Pá wê pá Orisà" (Matou a folha, matou o orixá).

O povo negro brasileiro descende de várias nações africanas que trazem na sua essência influências civilizadoras diferentes. Homens e mulheres negros recriaram a cultura de matriz africana no Brasil. A essência dessa cultura é o seu princípio dinâmico, a sua força vital – o axé –, o qual se baseia na ancestralidade, explica as origens da criação do mundo e as forças que o regem. Esta visão de mundo tem as suas próprias interpretações e percepções do ser, do comportamento humano, da vida, da natureza e dos deuses, e é absolutamente diferente da concepção judaico-cristã. Isto porque:

> Na cultura negra, a troca não é dominada pela acumulação linear de um resto (o resto de uma diferença) porque é sempre simbólica e, portanto, reversível: a obrigação (de dar) e a reciprocidade (receber e restituir) são as regras básicas. [...] A troca simbólica não exclui nenhuma entidade: bichos, plantas, minerais, homens (vivos e mortos) participam ativamente, como parceiros legítimos da troca. [...] A isto a ideologia ocidental tem chamado de animismo, porque, apegada a seu princípio exclusivista da realidade, separa radicalmente a vida da morte e entende a troca simbólica com outros seres ou com os mortos como uma projeção fantasiosa da vida. Na cultura negra a ligação entre os seres é

> iniciática. [...] Os conhecimentos iniciáticos passam pelos músculos do corpo, dependem – ritualizados que são – do contato concreto dos indivíduos, através do qual o axé se transmite. [...] O axé é força vital, sem a qual, segundo a cosmogonia nagô, os seres não poderiam ter existência nem transformação. [...] O axé existe nos animais, minerais, plantas, seres humanos (vivos e mortos), mas não como algo imanente: é preciso o contato de dois seres para a sua formação. E sendo força, mantém-se, cresce, diminui, transmite-se em função da relação (ontológica) do indivíduo com os princípios cósmicos (orixás), com os irmãos de linhagem, com os ancestrais, com os descendentes. [...] O africano tradicional não é um ser social (esta é uma perspectiva moderna), mas ritualístico. A natureza só existe para o civilizado. Para as culturas tradicionais, não existe o natural, tudo é ritualisticamente simbólico. [...] As palavras estão no mesmo plano que o gesto, os deslocamentos do corpo, os sons, os objetos, os cânticos, o sopro vital (pois tudo isto pode conduzir axé) que reconstroem ritualisticamente, por feitiço, o mundo.[6]

Nesse sentido, entre as práticas socioculturais em que a África é referência, a **religião**, como forma de conceber o sagrado e com o mesmo relacionar-se, é certamente a mais fundamental, na medida em que é a guardiã de um acervo simbólico que nos remete à identidade étnica, fator de coesão e de equilíbrio psíquico, afetivo e social dos homens, mulheres, crianças e idosos, individual e coletivamente.

Podemos sentir, ver, ouvir, viver, perceber a força cultural negra na forma como as comunidades – terreiros –, espaços de manifestação do sagrado no culto à tradição dos orixás, voduns e inquices, conforme a nação africana de origem, enfrentam a dura violência material e simbólica efetuadas pela polícia no passado e, hoje, pelos ataques cotidianos das igrejas eletrônicas.

Os terreiros emergem como espaços litúrgicos, culturais e de organização social e política, numa espécie de *continuum* africano na diáspora. Em Minas Gerais, é importante ressaltar que os congados, as irmandades e os reinados do Rosário são expressivas manifestações de resistência cultural e de religiosidade negra que simbolizam o resgate de um elo perdido, o momento "**sagrado**" de reencontro dos congadeiros com a Mãe África, seus deuses e santos.

---

[6] SODRE, Muniz. *O terreiro e a cidade:* a forma social negro brasileira. Petrópolis: Vozes, 1988.

A origem do Samba

O patrimônio cultural que herdamos dos nossos ancestrais é a referência mais profunda da nossa história e da nossa memória. Hoje, o valor dessa herança cultural constitui a espinha dorsal da cultura negra contemporânea, cuja marca mais profunda é traduzida por sua musicalidade e o canto, pela dança, o teatro, a poesia e pela rica plasticidade que envolve o fazer cultural de nossos músicos, artistas, poetas, pintores, escultores, dançarinos, escritores e intelectuais, legítimos arautos da tradição cultural mais autêntica do nosso povo.

O Samba, a capoeira, o *soul*, o *jazz*, o *blues*, o *reggae*, o ijexá, o afoxé, o bloco-afro, o carnaval, o *funk*, o *swing*, o merengue, a rumba, a escola de samba, a lambada, o pagode, o jongo, o lundu, as cantigas de roda e as de ninar, o maracatu, o caxambu, o *rap* e o *hip-hop* são expressões culturais de um movimento poético e musical da mesma matriz africana que potencializa o nosso Brasil de norte a sul. É dentro dessa diversidade cultural que se caracteriza a alma nacional, que podemos afirmar o SAMBA como uma das matrizes fundamentais da musicalidade e da cultura brasileira.

No passado, as congadas, os cordões, os cucumbis, as diversas festas religiosas de origem africana representavam possibilidades temporárias de se penetrar coletivamente em território proibido. É importante registrar que essas festas possibilitavam a certos grupos de escravos, de notáveis habilidades na execução de instrumentos musicais, surpreenderem visitantes estrangeiros que aqui aportavam armados de preconceitos.

Alguns escravos tocavam profissionalmente instrumentos europeus. O maior empregador de músicos-escravos era a família real e, em 1816, uma orquestra de pelo menos 57 escravos tocava em ocasiões especiais. Como em New Orleans, havia bandas musicais ambulantes, em que escravos tocavam cornetas, flautas, clarinetas, violões e tambores. Nas ruas, na ópera, nos salões, nos enterros, proliferavam os grupos musicais negros.[7]

Observadores da vida carioca no século XIX falam dos escravos que tocavam pela cidade instrumentos europeus e africanos, confrontando diferentes tradições musicais. O *choro* carioca é um gênero resultante dessa confluência de habilidades instrumentais, enquanto o batuque e o samba têm mais que ver com a criatividade rítmica – dança e canto.

A palavra samba apareceu na imprensa escrita brasileira no jornal satírico *Carapuceiro*, editado na cidade do Recife, no ano de 1838, pelo padre Lopes Gama, classificando o estilo musical como coisa própria da periferia, do meio rural. Antes disso, o ritmo que os africanos trouxeram foi chamado por alguns de **batuque**.

Os escravos chamavam as suas danças de SEMBA, que significa "umbigada" ou "união do baixo ventre". Pesquisadores semeiam teses sobre a origem da palavra "samba", que variam de "divindade angolana protetora dos caçadores" a culto à divindade pela dança, passando por SAM, como pagar, e BA, como receber, sendo assim a dança do dar e do receber.

Como samba são denominados ritmos bastante diversificados, em regiões distintas do Brasil, a exemplo do samba-lenço, o samba-rural, o samba-de-roda, o samba-duro e outros. O ritmo fixou-se no Rio de Janeiro, com algumas ramificações em São Paulo e com representações mais tímidas no restante do País, o que não impede de o samba ser a identificação musical brasileira em todo o mundo.

O pintor Debret descreve em seu *Diário* a cena em que um escravo pára subitamente numa rua do centro do Rio, começa a cantar, enquanto outros se reúnem em torno dele, acompanhando-o com instrumentos improvisados e palmas, em perfeita harmonia. Cantavam-se, dançavam-se ritmos conhecidos como lundu, cateretê, jongo, batuque, candomblé, caxambu, samba e outros. Sabe-se mesmo de uma entidade mística chamada **Sinhá Samba,** equivalente à santa católica Nossa Senhora das Dores.[8] *(Grifo nosso).*

---

[7] SODRÉ, Muniz. *O terreiro e a cidade:* a forma social negro-brasileira. Petrópolis: Vozes, 1988. p. 133.
[8] SODRÉ, Muniz. Op. cit., p. 134.

Para Sodré, o terreiro de candomblé fixou-se como um território étnico-cultural capaz de acolher, de modo mais geral, o entrecruzamento dos espaços e dos tempos implicados na sociabilização do grupo negro. Ali se guardavam conteúdos patrimoniais valiosos (o axé, os princípios cósmicos, a ética dos ancestrais), mas também os ensinamento do *xirê,* ou seja, os ritmos e as formas dramáticas que se desdobrariam ludicamente na sociedade abrangente. E daí, o samba.

Na verdade, os grupos de festa, os cordões e blocos carnavalescos e os ranchos sempre estiveram vinculados direta ou indiretamente (por intermédio dos músicos, compositores ou pessoas de influência) ao candomblé. As casas gege-nagôs dos famosos João Alabá e Cipriano Abedé eram também lugares festivos. Cada casa de culto tinha o seu bloco carnavalesco.

> A Portela, uma das mais notáveis escolas de samba do Rio, também tem a sua origem junto a uma babalorixá conhecida, Dona Esther Maria de Jesus, que tinha casa no bairro Osvaldo Cruz. Esse bairro era um reduto importante de formas culturais negras, sendo mesmo designado na época como a 'roça' (termo baiano, sinônimo de terreiro de candomblé). Em quintais diversos, realizavam-se reuniões de jongo (canto e dança de linha mística com pontos e desafios, de onde se deriva o samba de partido alto), caxambu (forma semelhante ao jongo, mas com diferenças rítmicas) e rodas de samba. [...] Essa casa funcionava de maneira parecida com a da famosa Tia Ciata: na frente, a 'brincadeira' (jogos de dança e música); nos fundos, cerimônias de cultuação aos orixás.[9]

Portanto, o samba, semba ou batuque, que já nasceu polêmico, atravessou o Atlântico nos navios negreiros (tumbeiros), incorporou os **chocalhos e maracás dos povos indígenas, anexou a viola dos portugueses** e deu origem ao ritmo de maior popularidade no País e que hoje é referência do Brasil em qualquer parte do mundo.

Cantar e contar a história do samba é fortalecer um movimento de resistência e de afirmação do povo negro, que, a partir das batidas do tambor das rodas do candomblé e capoeira da Bahia, estendeu-se pelo Brasil. No Rio de Janeiro, por meio das casas tradicionais das "tias" baianas, este povo que, após a abolição do trabalho escravo, exerceu as mais variadas atividades profissionais, trabalhando de sol a sol e morando nos cortiços do centro da cidade, tinha o samba como espaço de interação, sociabilidade e diversão.

---

[9] SODRÉ, Muniz. Op. Cit., p.135.

As "tias" Bebiana, Preseliana de Santo Amaro, Veridiana, Josefa Rica, Ciata e tantas outras promoviam festas para homenagear os santos e comemorar aniversários e batizados. Ali e em comemorações tradicionais, como a festa de Nossa Senhora da Penha, compareciam todos os maiores compositores da época, para comer, beber, brincar e lançar suas criações que, com certeza, faziam sucesso no carnaval. Do samba, surgiram diversas ramificações e estilos musicais. Alguns exemplos:

Samba-choro – Este possuía a mesma base rítmica do samba raiz, executado com mais dinâmica e improvisação com a incorporação da flauta, do cavaquinho e do violão.

Samba-canção – Samba de andamento lento, de melodia romântica e letra sentimental.

Samba-enredo (1930) – Modalidade de samba que consiste em letra e música criadas a partir do resumo do tema escolhido como enredo de uma escola de samba.
De 1940 a 1950 – O impacto da Segunda Guerra Mundial causa extrema diminuição no espaço para o samba e a música popular, pois com o fim da guerra o Cinema, os enlatados de tevê e a música norte-americana invadem o Brasil. Em 1940, Getúlio Vargas censurou o samba, porque as letras do samba tinham forte apelo à reflexão social.

Samba de breque – É constituído de paradas súbitas, nas quais, no meio do samba, o cantor encaixa comentários falados, geralmente de caráter humorístico.

Samba-exaltação – Samba de melodia extensa e letra de tema poético, como a *Aquarela* do Brasil, de Ary Barroso, 1939.

Samba de partido alto – Samba com a forma fixa (geralmente conhecida) e versos improvisados (criação individual).

Samba-Reggae – Gênero musical tocado pelos blocos afros da Bahia, cuja base instrumental são os tambores. **O Ilê Aiyê**, por exemplo, é um bloco afro que nasceu com um projeto político e cultural de valorização das matrizes da cultura negra e afirmação de sua identidade.

Samba de raiz – Denominação surgida na década de 1990 para distinguir a produção de veteranos sambistas, não prestigiados pelas grandes gravadoras, da forma imposta pela indústria fonográfica, como pagode.

Samba-rock – Denominação dada ao samba interpretado principalmente à base de guitarra, no estilo popularizado por Jorge Benjor e seus seguidores; também conhecido como suingue.

Bossa-nova – Visto como um divisor de águas (estética, poética e ideológica). É um momento em que a cultura popular se alimenta de biscoitos finos, ou seja, o samba passa a ser tocado, cantado e difundido entre a população de maior poder aquisitivo, valorizando sambistas como Cartola, Nélson Cavaquinho e Zé Kéti, entre outros. O Samba desce o morro e penetra nos salões da classe média.

Pagode – Estilo musical que ficou conhecido nos anos de 1990, a partir do momento que foi apropriado pela mídia. A palavra significa "reunião de pessoas", festa.

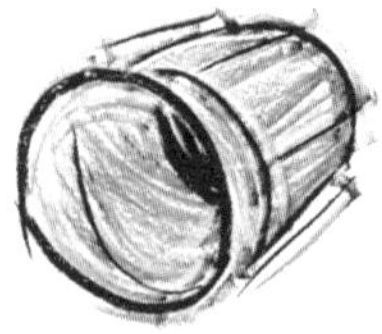

Pelo Telefone

O primeiro samba gravado a fazer sucesso, no final de 1916 e início de 1917, foi o famoso *Pelo Telefone*, de Ernesto dos Santos, o Donga. Sua mãe, baiana, era conhecida como uma das pessoas que trouxeram o samba para o Rio de Janeiro, época que assinala as duas características do samba mais antigo: a forma cadenciada de **Angola** e a forma acelerada à **gêge**. Na gravação de *Pelo Telefone*, ficava evidente a "costura" comunal da elaboração, uma verdadeira "rapsódia" produtiva da **Casa de Tia Ciata**.

Além de Donga, José Barbosa da Silva, o **Sinhô** (1888-1930), foi o primeiro a se projetar na sociedade global como compositor de sambas. Com ele, a música dita "folclórica" (de produção e uso coletivos, transmitida por meios orais) transformou-se em música popular, ou seja, produzida por um autor (um indivíduo conhecido) e veiculada num quadro social urbano.

Como música popular, o samba perdia algumas de suas características morfológicas (o improviso da estrofe musical, por exemplo), dissociava-se da dança, submetia-se à adaptação dos instrumentos, porém mantinha a sincopação. Como o *jazz*, portanto, permanecia com feitio negro, garantindo o lugar de um *feeling* próprio.

Finalmente, cabe destacar que os músicos do primeiro samba foram recrutados entre os frequentadores da Casa de Tia Ciata: Donga, João da Baiana, Pixinguinha – criador extraordinário –, Sinhô, Caninha, Heitor dos Prazeres, Hilário Jovino, Ismael Silva, Cartola, Baiaco, Brancura e vários outros. O certo é que os blocos, os ranchos e, mais tarde, as escolas de samba constituíram as bases territoriais e institucionais para a conquista de lugares profissionais na sociedade abrangente.

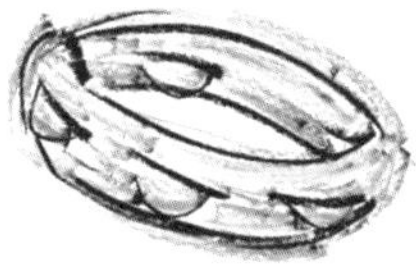

Samba e resistência

O samba já foi muito perseguido por ser considerado uma expressão cultural da "ralé", própria do negro. Qualquer manifestação cultural negra sofria perseguição ostensiva da polícia. Hoje é bastante conhecida a crônica dessa violência que, na época, era motivo para sarcásticas crônicas de jornais.

Vale reafirmar que foi na Casa da Tia Ciata – centro de resistência adotado pela comunidade negra e espaço dinâmico de reelaboração da tradição cultural africana – que surgiu o *Pelo Telefone*, que retratava a realidade vivida pela comunidade, a canção que lançara no mercado fonográfico um novo estilo musical: o samba. A partir daí – centro de continuidade da Bahia negra, logo parte da diáspora africana no Rio –, o samba ganhou as ruas e avenidas.

Hoje o samba é uma grande manifestação musical que arrasta multidões. Com a sua sedução, o samba atua na formação de base da cultura brasileira. Esse ritmo, pé no chão, que saiu dos terreiros e dos fundos de quintais, entrou pela porta da cozinha da casa-grande, desceu as ladeiras de barro das favelas, subiu as escadarias de mármore dos teatros municipais das grandes cidades, é o retrato musical do Brasil e a nossa mais forte identificação cultural diante de todos os povos.

Quando falamos em cultura popular, acentuamos que é a cultura a serviço do povo, dos interesses efetivos do País. Trata-se, então, de agir sobre a cultura presente, procurando transformá-la, estendê-la, aprofundá-la. O que define a cultura popular é a consciência de que a cultura pode ser instrumento de conservação ou de transformação social.

A cultura não é uma coisa imóvel, pronta e acabada. A prática cultural é dinâmica e coletiva. A cultura, por ser potencialmente transformadora, pode criar novas possibilidades de ser. Nesse sentido, a música é capaz de levar o ser humano não só a emoções fortes e vitais como a alegria ou a tristeza, de trazer à lembrança a saudade ou o sonho, de mobilizar o corpo para a dança e, também, poder levar-nos à reflexão.

Não se trata de qualquer "sentir", mas de uma experiência radical, de uma comunicação original com o mundo, que se poderia chamar de "cósmica", isto é, de um envolvimento emocional dado por uma totalização sagrada de coisas e seres. É algo equivalente à diferença que se faz no universo negro do *jazz* entre ***feeling*** (sentimento) e ***soul*** (alma). A liberdade buscada pelo impulso musical negro – do *jazz* ou do samba – tem que ver com a força da alegria que resiste à pressão degradante sobre a vida e a todas as formas de opressão. Trata-se de instituir um lugar forte de soberania do ser humano e de afirmação da sua identidade, qualquer que seja ela. É graças à alegria que aceitamos este eterno presente, o eterno retorno da vida. Para Sodré,

> [...] o real não emerge da temporalidade abstrata das coisas criadas pelo valor que rege o mundo do trabalho (guiado pela expectativa de um gozo futuro). O real surge, ao contrário, de um tempo próprio (diferente do cronológico), como na celebração festiva. No aqui e no agora do mundo, sente-se, por instantes, a presença do real, isto é, da singularidade das coisas.[10]

---

[10] SODRÉ, Muniz. *Op. cit.*, p. 147.

Diversos

A cor da pele

"Podemos sorrir, nada mais nos impede
Não dá pra fugir, dessa coisa de pele"

Todos os seres humanos possuem na pele esse pigmento amarelo-escuro chamado de melanina. Porém, a presença dele é **variável** em cada grupo humano: presente em grande quantidade, a pele adquire totalidade **marrom** ou **preta**; em baixíssima quantidade, a pele assume a cor **branco-rosada**; em quantidade mediana, resulta no **amarelo-escuro** ou **amarelo-claro**.

O organismo humano (também as plantas e os animais) busca constantemente adaptar-se às condições ambientais de cada região. Por isso, quanto mais intenso os raios solares de uma região, mais escura será a pele dos grupos humanos que a habitam.

Isso não significa que a pele escura de um negro que reside num país frio resulta de efeitos diretos do sol. Ele possui heranças genéticas de um grupo humano que, tendo vivido milhares de anos em determinado ambiente, desenvolveu a capacidade de formar melanina em grande quantidade, independentemente da exposição ao sol.

Por outro lado, não fosse o efeito do sangue, a pele dos povos nórdicos – geralmente rosada – seria quase branca, devido à baixa capacidade de desenvolver melanina. Para comprovar essa afirmação, basta observarmos a palidez total que predomina num indivíduo anêmico ou que tenha perdido muito sangue.

Portanto, na pele de todas as pessoas há células especiais denominadas MELANÓCITOS, que produzem um pigmento escuro, a MELANINA. A palavra melanina vem da língua grega cujo significado é *MELAS* = Negro. A função desse pigmento é deter as reações ultravioletas do sol – raios solares que podem acarretar queimaduras – ou do MELANOMA, o mais perigoso câncer de pele. **O bronzeamento é uma reação do corpo humano para se proteger dos raios solares, aumentando a produção de melanina.**

Entre os cânceres de pele, o melanoma é o que se desenvolve mais rapidamente e o que apresenta maior risco de metástase, as células malignas caem nas correntes sanguínea e linfática e contaminam órgãos vitais, provocando a morte. Pessoas com pele dos tipos I e II – olhos azuis ou verdes e cabelos loiros ou ruivos – são o principal alvo dos tumores da pele. Elas fabricam um tipo de melanina alaranjada, que protege pouco a pele dos efeitos dos raios ultravioletas, impedindo que ela se bronzeie. Mas mesmo as pessoas que adquirem um bronzeado dourado não estão a salvo do câncer de pele. O melanoma só é raro em negros e, quando ele ocorre, o tumor surge principalmente na palma das mãos, na planta dos pés e nas mucosas, áreas onde a pele é mais clara, explicam os dermatologistas.

Acostumamo-nos com a ideia de que existem raças. Se as raças existem de fato, questão que a Ciência afirma não existir, podemos dizer que, nas pessoas de "raça branca", os melanócitos contêm poucos grânulos de MELANINA, ao contrário das pessoas de pele escura, cujos **melanócitos** produzem essa substância em grande quantidade. Os únicos sem melanina são os albinos, cujo significado vem do latim *Albus* = Branco.

O cabelo

"Sara, sara, sara, cura... Dessa doença de branco
De querer cabelo liso, já tendo cabelo louro
Cabelo duro é preciso, pra ser você crioulo."[11]

"Que bloco é esse, eu quero saber
É o mundo negro que viemos cantar pra você
Somos crioulo doido, somo bem legal
Temos cabelo duro, somos *black-power.*"[12]

---

[11] *Sarará crioulo*, música interpretada por Gilberto Gil.

[12] Música de Paulinho Camafeu para o Ilê Aiyê, que saiu às ruas no carnaval de Salvador, em 1974.

O cabelo encaracolado ou encarapinhado, conhecido como cabelo crespo, é uma característica de populações que, durante o processo de evolução da espécie humana, habitavam regiões de clima muito quente. Esse formato do cabelo permite manter uma camada de cerca de 5 centímetros de ar entre o couro cabeludo e o ambiente, servindo como meio de proteção contra o calor. Como essa característica é hereditária, mesmo com a migração dos povos para regiões de clima mais ameno e a miscigenação – "mistura ou cruzamento racial" –, a população negra a manterá por longo tempo.

O que dá características a este tipo de cabelo é a sua formação ainda dentro da pele. "A estrutura epidérmica por onde o pêlo nasce, e onde fica a raiz, chama-se folículo piloso. Se o folículo for reto, o pêlo será liso. Quanto mais curvo ele for, mais o pêlo nascerá espiralado, como na raça negra", diz o dermatologista José Marcos Pereira, da Faculdade de Ciências Médicas da Santa Casa de São Paulo.

(*Revista Superinteressante*)

O nariz

O formato do nariz também é determinado pelas condições ambientais em que se desenvolve os grupos humanos: o nariz mais largo constitui traço característico de povos que habitam regiões quentes e de ar muito úmido. No outro extremo, em regiões de baixa temperatura, pode ser mais vantajoso para o organismo que o nariz seja mais alongado e estreito, de modo que o ar possa ser aquecido antes de atingir os pulmões. Por essa razão, os negros têm nariz mais largo em função da herança genética, porque a África é um continente muito quente e úmido, enquanto os brancos têm o nariz mais afilado, porque a Europa é um continente mais frio.

O rádio

Pode-se dizer que a indústria cultural nasceu com o rádio. O rádio é o pai do disco. Ele ganhou popularidade na década de 1930, quando a sociedade se foi urbanizando por causa da industrialização.

A primeira emissão radiofônica brasileira ocorreu em 1922, de forma amadorística, mas com programação voltada só para a elite.

A voz dos locutores cativava muitos fãs. Com as apresentações nos rádios, aumentava a indústria fonográfica, isto é, as gravadoras de discos. As principais gravadoras da época – Rca-Victor, Odeon e Continental – ganharam muito dinheiro.

Em 1939 havia 357.921 aparelhos de rádio no País e, em 1942, estreava a primeira radionovela brasileira, chamada *Em busca da felicidade*.

Em São Paulo, as emissoras foram se multiplicando, apareceram a *Rádio Record*, a *Rádio Educadora*, *Cruzeiro do Sul*, *América*, *Difusora*, *Cultura*, *Bandeirante* e *Tupi*. No Rio de Janeiro, o governo de Getúlio Vargas passou a controlar uma das principais emissora de todo o País: a *Rádio Nacional*. Era o poder querendo dominar.

Nesse borbulhar, surgem os primeiros astros: Noel Rosa, Vicente Celestino, Chico Alves e Carmem Miranda.

Quando as emissoras de rádio começaram a tocar para as multidões, o samba não era muito bem aceito. Muitas pessoas tinham preconceito e não gostavam do ritmo. Contudo, na verdade devemos muito ao rádio, ele popularizou as "coisas nossas" e, por intermédio dele, as pessoas podiam saber o que acontecia e ouvir músicas e programas de variedades. Sem ele, o nosso Samba não teria sido tão divulgado e rompido barreiras da discriminação.

Número de aparelhos de rádio no mundo (em milhões)

Continente	Década de 1970	Década de 1980	1990	1994
África	19	49	108	122
América	390	566	711	746
Ásia	78	254	568	621
Europa	314	414	464	481
Oceania	10	20	26	28

Fonte: *Correio da Unesco*, ano 29, n. 4, 1972, p. 39.

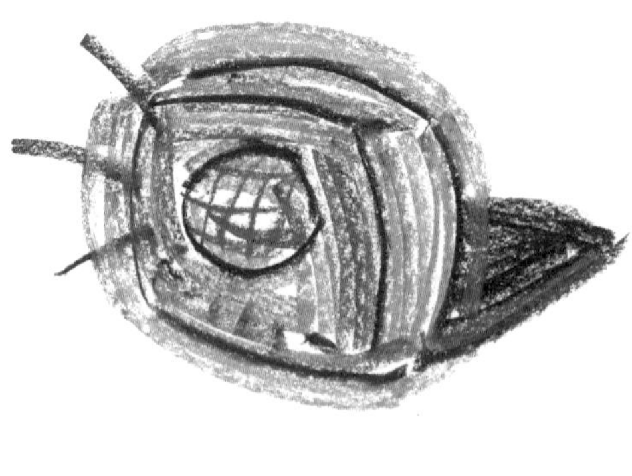

Ondas sonoras

Em nosso dia-a-dia, deparamos com várias situações que se repetem em certos intervalos de tempo.

A cada movimento periódico, podemos associar um número (freqüência) que nos indica o número de repetições que ocorreram do fenômeno na unidade de tempo. Por exemplo: em uma antena de uma estação de rádio FM, os elétrons chegam a vibrar cerca de 100 milhões de vezes em apenas 1 segundo.

No estudo de ondas sonoras, podemos estabelecer um intervalo de pequenas freqüências que o nosso ouvido consegue perceber. Este intervalo vai de 20 HZ até 20.000 HZ em média; e é em função, dessa freqüência que os sons são classificados em Grave, Médio e Agudo, em função de sua freqüência.

Modernamente relaciona-se a freqüência com a energia transportada por uma onda eletromagnética. Quem primeiro estabeleceu esta relação foi Max Planck, em 1990. Anos mais tarde, o alemão Albert Einstein utilizou as idéias de Planck para explicar o chamado Efeito Fotoelétrico, o que lhe rendeu o **Prêmio Nobel da Física**. A idéia de Einstein era que as ondas eletromagnéticas fossem, na verdade, um agrupamento de pequenas "partículas" chamadas Fótons. A energia de um fóton é diretamente proporcional à freqüência da onda.

(*Revista Galileu*, maio de 1999, ano 8, n. 94.)

O Compact Disc (CD)

Lançado pelas multinacionais Philips e Sony, em 1979, e comercializado a partir dos anos 1980, o *Compact Disc* (CD) foi uma inovação fundamental. Seu sistema de gravação é capaz de guardar 600 ***megabytes*** de informação e de gravar som e imagem. Para a indústria fonográfica, foi um grande negócio. Os CDs revolucionaram a indústria do disco, provocando o desaparecimento dos antigos discos de vinil, ou seja, os *Long-Plays* (LP), os compactos e os antigos aparelhos de som destinados a reproduzi-los.

Ao longo da história, os aparelhos de som foram se transformando. Atualmente os aparelhos de som são sofisticadíssimos com recursos cada vez maiores.

Atividade:

Traga para a sala de aula discos de vinil e CD de épocas e gravadoras diferentes. Faça as devidas comparações, de acordo com a turma. Exemplo: código de barra, selo, capa, CGC, cidade, qualidade de material, praticidade... (Se possível, pesquise sobre o gramofone, a radiola e a vitrola.)

Parte II

Atividades pedagógicas

Apresentamos nas páginas que se seguem uma proposta de trabalho pedagógico que poderá ser desenvolvida com alunos do 3º ciclo do Ensino Fundamental e Ensino Médio, dentro do projeto "Cantando a história do Samba".

Esta proposta se caracteriza por apresentar variadas e significativas oportunidades de desenvolvimento de competências essenciais à formação global dos alunos, bem como a construção de conhecimentos nas várias áreas de estudo, de forma lúdica e prazerosa, tendo como tema de estudo uma das mais ricas manifestações culturais brasileiras: o samba.

As sugestões apresentadas também poderão ser incluídas nas atividades a serem empreendidas por sua escola, no sentido de cumprir os dispositivos legais apresentados pela alteração da Lei de Diretrizes e Base da Educação Nacional, pela Lei 10.639/2003, que estabelece a obrigatoriedade do ensino de História e Cultura Afro-Brasileira e Africana na Educação Básica.

Área Música Texto	Conceitos	Atitudes a desenvolver	Procedimentos	Atividades
Português Aquarela do Brasil A origem do samba	Pluralidade cultural brasileira. Samba como uma das matrizes fundamentais da musicalidade e da cultura brasileira. Origem da palavra Samba. Importância do Samba para o povo negro e para a identidade nacional do Brasil.	Respeitar a diversidade cultural e reconhecer a contribuição negra para a história e a cultura do Brasil. Valorizar a memória social e musical do samba.	Montagem do "Alfabeto do Samba" com: • palavras que mais são usadas no samba; • termos ligados ao samba. Confecção do Álbum "Os bambas do samba", com: biografias de compositores antigos e atuais (ilustrar quando possível). Montagem da Pasta "No túnel do tempo". Ouvir, interpretar e colecionar, organizando cronologicamente letras de samba do mais antigo até a atualidade.	Leitura e interpretação de textos musicais e biografias. Uso do dicionário. Uso dos conhecimentos linguísticos necessários à produção do alfabeto, do álbum e da pasta. Pesquisa de imagens e informações sobre o samba.

Área Música Texto	Conceitos	Atitudes a desenvolver	Procedimentos	Atividades
Matemática Sorriso negro A realidade social da população negra	As estatísticas representativas das desigualdades sociorraciais no Brasil. Existência de desequilíbrios em termos de oportunidade e tratamento entre homens e mulheres negros e o conjunto da população de outras origens étnicas.	Reconhecer que o fator racial/étnico constitui elemento importante na distribuição de oportunidades de emprego, serviços educacionais e outros benefícios públicos e privados. Entender a necessidade urgente de construção pelo Estado e pela sociedade de Ações Afirmativas no sentido de garantir democraticamente os direitos fundamentais para todos os cidadãos.	Montar gráficos e tabelas representando as mais recentes estatísticas que comprovam as desigualdades sociorraciais. Montar um catálogo estatístico com os dados pesquisados, gráficos, tabelas e textos com explicações e conclusões sobre as desigualdades estudadas.	Analisar os gráficos e tabelas construídos fazendo comparações, estimativas e projeções sobre os dados analisados. Utilizar os variados formatos de gráficos para o registro das estatísticas estudadas. Transformar gráficos e tabelas em textos informativos e vice-versa.

Área Músicas Texto	Conceitos	Atitudes a desenvolver	Procedimentos	Atividades e culminância
História **A voz do morro O samba nunca foi de arruaça O mestre sala dos mares** **A herança da escravidão**	Contexto histórico do nascimento do samba. Situação do negro pós-abolição. Revolta dos negros contra a escravidão. Movimentos organizados de resistência pós-abolição e os existentes atualmente.	Apreciação e valorização dos momentos importantes em que a música se inscreve no tempo e na história. Reconhecimento do samba como uma das manifestações culturais de resistência do povo negro na afirmação de sua cultura e identidade.	Montagem de uma linha de tempo relacionando letras de músicas à história de resistência do povo negro após a abolição e na época atual. Montagem de um mural: "Os movimentos negros na atualidade".	Elaboração de pequenos textos informativos com legendas para a linha do tempo da história de resistência do povo negro. Pesquisar e selecionar letras de músicas relacionadas à história de resistência do povo negro. Pesquisar imagens e informações sobre os movimentos negros na atualidade.

Área Músicas Texto	Conceitos	Atitudes a desenvolver	Procedimentos	Atividades
Geografia ***O bonde de São Januário*** ***Barracão*** ***Agoniza, mas não morre*** **A realidade social da população negra**	O difícil processo de ocupação do espaço urbano vivenciado pelo negro pós-abolição e na atualidade: • Formação de favelas; • Apropriação de espaços inadequados. Contextualizar causas e consequências da ocupação desse processo e as relações estabelecidas: • Situação de marginalização social (trabalho, moradia, saúde, educação); • Controle e utilização das escolas de samba para os interesses ideológicos do governo.	Entender e explicar a situação de marginalização vivenciada pelo grupo negro na sociedade brasileira. Compreender a noção de território e territoriabilidade, analisando as situações vivenciadas pelo segmento negro da população. Reconhecimento do samba como fenômeno urbano de resistência, espaço de interação, sociabilidade e diversão após a abolição e no momento atual.	Planejar e organizar um roteiro de uma "trilha urbana": • Observar os elementos da paisagem e registrar nas anotações aqueles que exemplificam o assunto estudado; • Selecionar, catalogar, classificar, organizando todo o material coletado; • Utilizar o mapa da cidade como base para representar a localização das favelas visitadas na trilha; • Interpretar e estabelecer as relações existentes entre as três músicas.	Produzir, juntamente com os alunos, um texto com toda a diretividade do trabalho a ser executado antes, durante e após a trilha urbana: • Preparação e combinados; • O que observar, descrever, registrar; • Tratamento dos dados coletados em grupo. Montagem de um clipe utilizando as três músicas estudadas, associando as imagens e as anotações registradas na trilha.

Áreas Músicas Textos	Conceitos	Atitudes a desenvolver	Procedimentos	Atividades
Ciências/ Química/ Biologia **O teu cabelo não nega *Identidade*** **A cor da pele O cabelo O nariz**	Identidade individual e aspectos que a influenciam (sexo, idade, grupo social, raça, etc.). Analogia entre as modernas teorias antropológicas sobre as raças humanas e as teorias racistas de superioridade racial. A pele: • Componentes da pele: pelos, unhas e glândulas; • Doenças da pele. A cor da pele e sua influência cultural e social nas relações humanas estabelecidas no Brasil. Misturas químicas (cremes alisantes, tinturas, sabonetes e cremes especiais para variados tipos de pele).	Respeito às diferenças. Reconhecimento da diversidade étnica brasileira. Desconstrução, ressignificação e reconstruções de noções preconceituosas, tendo como embasamento noções científicas comprovadas.	Ouvir, interpretar e debater sobre as músicas-tema. Promover um debate dividindo a turma em dois blocos: a favor e contra a afirmação: "O teu cabelo não nega é uma música preconceituosa". Promover um júri simulado delatando o tema: "O elevador de serviço e a discriminação". Baseando-se no texto informativo produzido sobre as doenças da pele, monte um painel para expor para toda a escola.	Pesquisas sobre as modernas teorias antropológicas e sobre as teorias racistas que vigoraram no Brasil e sua influência na vida dos brasileiros. Produzir um texto sobre as principais doenças da pele e um texto informativo sobre as misturas químicas usadas para atender às especificidades de peles e cabelos. Misturas químicas agressivas à pele do ser humano.

Área Música Texto	Conceitos	Atitudes a desenvolver	Procedimentos	Atividades
Educação Artística ***Kizomba, Festa da Raça*** ***Cultura negra e religião***	A cultura negra. Contribuição do negro nas artes plásticas. Instrumentos musicais de origem africana.	Reconhecimento da cultura negra como manifestação da resistência desse povo. Destacar as contribuições do negro para a cultura do Brasil.	Conhecer obras de artistas negros, como Mestre Didi, Caribe, Aleijadinho, Mário Cravo, etc. e estudar as biografias deles. Promover uma pequena exposição de trabalhos de alunos, inspirados nestes artistas. Criar um fôlder sobre os artistas e as obras deles. Realizar uma oficina de confecção de instrumentos musicais de origem africana.	Pesquisar sobre as obras e a biografia dos artistas a serem estudados. Sensibilizar os alunos com as obras destes artistas, incentivando-os a criarem também. Pesquisar sobre os principais instrumentos musicais de origem africana, planejar e selecionar materiais alternativos para a confecção dos mesmos.

Área Música Texto	Conceitos	Atitudes a desenvolver	Procedimentos	Atividades
Educação Física **Kizomba – Festa da Raça** **A origem do samba**	Samba como ritmo de maior popularidade no País. Samba como matriz de diversas ramificações. Samba como elemento fundamental na cultura brasileira.	Reconhecimento da diversidade e da pluralidade cultural. Reconhecimento da contribuição da cultura negra para a história e a cultura do Brasil. Reconhecimento do samba como manifestação musical brasileira com a mais forte identificação cultural diante de todos os povos.	Apresentação artística por meio de um pequeno texto explicativo e apresentação coreográfica das diversas ramificações e estilos musicais derivados do samba (pagode, samba-*reggae*, samba-canção, samba-enredo, bossanova, etc.). Montagem de um álbum, explicitando e ilustrando as derivações do samba (Jongo, maracatu, caxambu, etc.).	Preparar as coreografias das ramificações e estilos derivados do samba para uma apresentação artística para a comunidade escolar, com o título: "Cantando e dançando a história do Samba". Pesquisa sobre as ramificações do samba e da produção de espaço como forma de resistência e estratégias de sobrevivência.

Área Música Texto	Conceitos	Atitudes a desenvolver	Procedimentos	Atividades
Formação humana Identidade Sorriso negro Ai, que saudades da Amélia Professorinha O rádio Ondas sonoras O Compact Disc (CD)	Convivência na diversidade. Interdependência entre os seres humanos. Valores éticos e morais para a construção de uma sociedade mais justa, fraterna e solidária. Principais entraves para a construção de convivência mais fraterna, sob a ótica das relações de gênero e raça.	Tomar posição contrária a qualquer posição discriminatória baseada no sexismo ou racismo. Assunção positiva de identidade racial e desenvolvimento de atitudes positivas de respeito às diferenças de gênero e raciais.	Elaboração pelos alunos de esquetes, jogral, jornal falado, revista em quadrinhos, paródias e poemas sobre o tema estudado.	Estudos de trechos da *Constituição*, da *Declaração dos Direitos Humanos*, e da *Legislação sobre o Racismo*. Pesquisa sobre os direitos conquistados pelas mulheres ao longo do tempo.

Gincana Cultural

Por quê?

Proporcionar à comunidade escolar oportunidades de vivenciar atividades pedagógicas lúdicas e significativas que a levem à sensibilização, ao conhecimento e à valorização do samba como presença viva da expressão cultural Afro-Brasileira e a inserção dele no processo histórico brasileiro.

Para quê?

Para promover a valorização da memória cultural, social e musical brasileira, por intermédio de um de seus mais fortes representantes: o samba. Como também deflagrar um processo de reflexão sobre as relações étnico-raciais estabelecidas em nosso País.

Como?

Pela realização de uma Gincana Cultural na qual os alunos serão organizados em equipes (bandeiras) que se diferenciarão pelas cores: verde, preto, amarelo, vermelho e laranja. Cada "bandeira" terá um número de tarefas a realizar e receberá pontuação referente à tarefa realizada. Ganhará a Gincana a bandeira que acumular o maior número de pontos.

De que forma?

- Criar a coordenação geral da Gincana, que será responsável por seu planejamento, organização e execução.
- Criar a comissão julgadora responsável por julgar os recursos e pontuar as tarefas especiais.
- Organizar com os alunos a composição das bandeiras. Cada bandeira deverá conter: um professor coordenador; dois alunos de cada turma, que serão os coordenadores da Gincana na classe; dois funcionários da escola, que serão os(as) padrinhos(as) da bandeira e duas pessoas da comunidade, que serão os patronos da bandeira.
- A data do final da Gincana deverá coincidir com a apresentação final do Projeto "Cantando a história do Samba".

Tarefa 1: Túnel do Tempo

Montar no auditório um Túnel do Tempo contando "A história do samba e o samba na história". Para cada equipe será reservado um espaço para que organize o material de exposição sobre a história do samba.

Pontuação da tarefa:

- Pontuação normal: ______ para a tarefa realizada
- Pontuação especial: ______ pontos
- Estética do espaço reservado: ______ pontos
- Originalidade e criatividade: ______ pontos
- Abordagem correta do tema: ______ pontos
- Cumprimento do prazo: ______ pontos

Bandeira	Tema	Tarefa	Conteúdo
Vermelha	*A origem do samba*	Demonstrar, por meio de gravuras, fotos, reálias, cartazes, revistas e jornais, a história do surgimento do samba, explicitando-a com legendas e textos informativos.	• Origem da palavra samba. • O primeiro samba gravado. • A transição do samba de música "folclórica" para música popular e suas características. • Letras dos primeiros sambas.
Preta	*O samba e resistência*	Demonstrar, por meio de textos, legendas, gravuras, reálias, revistas e jornais, a realidade histórica, cultural e social em que vivia o Brasil na época do surgimento do samba.	• A perseguição sofrida pelo samba. • As casas das "Tias Baianas". • Dificuldades, opressões e preconceitos sofridos pelos sambistas na época. • Letras de samba representando esta época.
Amarela	*Os bambas do samba*	Levantamento dos principais e mais importantes compositores do samba. (Ilustrar)	• Biografias e ilustrações de compositores antigos e atuais que engrandecem o cenário musical brasileiro com suas criações. • Exposição das letras das músicas mais famosas desses compositores.

Bandeira	Tema	Tarefa	Conteúdo
Verde	*As ramificações do samba*	Apresentar, ilustrando e redigindo texto explicativo, as variações e estilos musicais derivados do samba.	• Origem da palavra. • Principais compositores e cantores do estilo. • Pequeno histórico da variação e / ou estilo. • Letras de músicas representativas da variação e / ou estilo.
Laranja	*O samba no tempo e na história*	Apresentar letras de música (com textos explicativos) relacionadas à história de resistência do povo negro após a abolição e na época atual (organizar as letras dentro de uma cronologia histórica).	• Músicas que falam de: - revoltas e rebeliões; - a realidade social da população negra; - exclusão do negro pós-abolição; - heróis negros; - movimentos de resistência e luta pela cidadania; - os movimentos negros; - consciência negra; - exaltação da negritude como afirmação de identidade.

Tarefa 2: Prata da Casa

Cada bandeira deverá criar uma paródia a partir da letra do samba recebido.
A paródia deverá ser apresentada no dia do final da Gincana para ser julgada e pontuada pela comissão responsável.

Pontuação da tarefa:

- Pontuação normal: _______ para a tarefa realizada
- Pontuação especial: _______ pontos
- Originalidade e criatividade: _______ pontos
- Abordagem correta do tema: _______ pontos
- Coesão e coerência: _______ pontos

Bandeira	Música base	Tema
Vermelha	*Sorriso negro* (Dona Ivone Lara)	*Exaltação à consciência negra e à negritude*
Preta	*Feitiço da vida* (Noel Rosa – Vadico)	*As dificuldades e as alegrias de se morar na favela*
Amarela	*Bonde de São Januário* (Ataulpho – Wilson Batista)	*A vida do trabalhador brasileiro*
Verde	*Volta por cima* (Paulo Vanzolini)	*Discriminação racial*
Laranja	*Aquarela do Brasil* (Ary Barroso)	*Exaltação à mulher brasileira que luta por seus direitos*

Sugestão: A bandeira poderá criar várias paródias com a música base e o tema determinado. Depois, entre os elementos da própria bandeira, fazer um julgamento e escolher a melhor para ser apresentada e pontuada no final da gincana

Tarefa 3: Caça ao Tesouro

- A bandeira receberá três grupos de desafios a serem resolvidos. O primeiro envelope com o primeiro grupo de desafios será entregue a todas as equipes ao mesmo tempo.
- O próximo envelope de desafios somente será entregue a cada uma, à medida que for resolvendo os desafios anteriores e for pontuada pelas tarefas cumpridas.
- Chegará ao Tesouro aquela bandeira que conseguir resolver os desafios em primeiro lugar.
- Pontuação normal:__________ para a tarefa realizada.
- Pontuação especial:_________ ponto para cada pergunta respondida corretamente.

Desafio 1 – Envelope Branco

Responda às perguntas:

1- O que é Lundu?

2- Quando nasceu Ataulfo Alves?

3- Quem foi Adoniran Barbosa?

4- Com quantos anos Clementina de Jesus começou a carreira dela?

5- Qual a naturalidade de Chico Buarque?

6- Onde nasceu o compositor Ary Barroso?

7- Na primeira Constituição da República, qual a lei que justificava a prisão e as perseguições aos capoeiristas, candomblecistas e sambistas?

8- Qual a ramificação do samba cuja evolução rítmica e musical, junto com a letra, conta uma história?

9- Que ramificação do samba proporcionou a descida do samba dos morros para penetrar nos salões da classe média?

Desafio 2 – Envelope Azul

Samba do Crioulo Doido

"Foi em Diamantina
Onde nasceu JK
Que a Princesa Leopoldina
Arresolveu se casar.
Mas Chica da Silva
Tinha outro pretendente
e obrigou a Princesa
a se casar com Tiradentes[...]"

Também criamos um "Samba do Crioulo Doido". Ele será o seu desafio para chegar ao tesouro desejado. Se você descobrir e conseguir completar na cruzadinha os nomes dos compositores de cada verso que ajuntamos de sambas famosos para compor o "Samba do Crioulo Doido", você encontrará no centro da cruzadinha o local onde encontrar o envelope roxo com o Desafio 3. Uma dica: siga a ordem em que os versos aparecem no samba para completar horizontalmente os nomes dos compositores. Boa sorte!

"Samba do Crioulo Doido 2"

Negro sem emprego
fica sem sossego
Tudo que você vê,
você quer

Atire a primeira pedra ai, ai, ai
Perdão foi feito pra gente pedir
Quem cede a vez não quer vitória
Somos herança da memória

Bate outra vez
a esperança no meu coração
Quero mostrar ao mundo
Que tenho valor

Tire o seu sorriso do caminho
Que eu quero passar com minha dor
Risque meu nome do teu caderno
Pois não suporto o inferno
do nosso amor fracassado.

Desafio 3 – Envelope Roxo

Para saber o lugar certo
Onde o Tesouro vai estar,
Complete o caça-palavras
Que o tesouro você vai encontrar!

D	C	M	O	L	X		A	R	T	O	L	A	V
H	K	E	X	O	R		L	É	P	I	H	C	O
N	L	S	I	D	O		G	A	J	H	S	X	L
T	T	P	E	L	O		E	L	E	F	O	N	E
H	S	X	I	S	C		A	T	A	X	K	G	T
A	S	Z	D	J	O		G	O	B	Z	S	L	J
A	N	O	N	O	S		M	B	A	O	N	O	P

1- Autor do samba "Tive Sim".
2- O samba era considerado uma expressão cultural da_____________ .
3- Autor do primeiro samba gravado.
4- Nome do primeiro samba gravado.
5- Na casa da _____________ é que surgiu o samba "Pelo Telefone".
6- Canto e dança de linha mística dos quais deriva o samba de partidoalto.
7- O ____________ é uma manifestação cultural de matriz africana.

A História do Samba e o Samba na História

A realização deste projeto permitirá aos alunos despertarem para uma das mais ricas manifestações culturais brasileiras – o Samba – conhecendo também momentos importantes em que a música se inscreve no tempo e na história.

É também uma oportunidade de desenvolver práticas educativas prazerosas, a gosto dos alunos, em que serão priorizadas competências essenciais, como: participar de atividades em grupo; ouvir e expressar ideias e sentimentos; reconhecer e respeitar formas de expressão e valores dos outros; utilizar diferentes fontes de informação e procedimentos para busca e organização da informação; sintetizar informações colhidas; e muitas outras.

Objetivos	Estratégias	Conteúdo	Culminância do Estudo
• **Conhecer a origem da palavra samba.**	Ler e interpretar vários tipos de textos relativos ao assunto. Pesquisar a história do samba. Entrevistar pessoas.	O samba como expressão cultural de matriz africana. As várias teses sobre a origem da palavra samba.	Montar um mural contando a história do samba.
• **Contextualizar historicamente o samba.**	Estudar, relacionando o momento social/histórico vivido pelo Brasil com o nascimento do samba como música popular.	Os espaços onde compunham e se cantavam os primeiros sambas e o porquê da utilização desses espaços.	Montar uma linha de tempo relacionando a história do samba com os acontecimentos históricos no Brasil.
• **A importância do samba como manifestação cultural de resistência e afirmação do povo negro.**	Selecionar, ouvir, interpretar, desenhar e ilustrar sambas que falam sobre a trajetória histórica do povo negro brasileiro.	Como o samba se tornou uma das manifestações musicais mais fortes do Brasil diante do mundo. Os preconceitos e discriminações sofridas pelo samba e sambistas.	Construir junto com os alunos um jogral musicado por sambas, cantando a trajetória histórica do povo negro do Brasil desde a sua chegada à atualidade.

Objetivos	Estratégias	Conteúdo	Culminância do Estudo
• Conhecer as diversas ramificações e estilos musicais que surgiram do samba.	Pedir aos alunos que tragam para a classe variados tipos de samba, ouvi-los e selecioná-los de acordo com as características comuns. Pesquisar em dicionários e enciclopédias os conceitos das ramificações do samba e classificar os sambas de acordo com a nomenclatura correta.	Conceito de Pagode, samba-enredo, samba-*reggae*, samba-canção e bossanova	Montar uma exposição com discos, CDs, fotos, letras de músicas e os respectivos autores e cantores de cada ramificação ou estilo de samba. Pôr legenda conceituando cada estilo.
• Nomear os mais importantes compositores de samba, antigos e atuais.	Pesquisar biografias de compositores importantes do Brasil.	Biografia de compositores, como, por exemplo: Donga, João da Baiana, Pixinguinha, Heitor dos Prazeres, Ismael Silva, Cartola, Dorival Caymi, Ari Barroso, Jorge Aragão, Ivone Lara, Zé Kétti, Ataulfo Alves, Nelson Sargento, Noel Rosa, Ary Barroso e outros.	Montar um álbum com: • Biografias de cinco compositores; • A letra de samba de maior sucesso de cada um; • Resumo do assunto de que fala a letra de cada samba; • Opinião pessoal de cada samba.
• Conhecer os principais instrumentos utilizados no samba e sua origem.	Dividir a turma em grupos; cada qual ficará responsável por pesquisar um instrumento, elaborar o desenho do mesmo e levantar os materiais necessários a sua confecção de forma alternativa.	Os instrumentos usuais do samba e sua origem.	Promover uma oficina de confecção de Instrumentos de Percussão e apresentar uma música.

Decifre as palavras e complete o texto:

BASAM	GOPADE	POLAPUÇÃO	FOLRECLO
________	________	________	________
SILBRA	GRONE	IDENDATIDE	CAMUSI
________	________	________	________
ACANAFR	DIOIN	NIÕESREU	POLARPU
________	________	________	________
ESVICRADÃO	RABRALEISI		
________	________		

Toda a ________________ popular brasileira foi intensamente influenciada por ritmos, sons, instrumentos, cantos e melodias de origem ________________. Os povos africanos trazidos para o ________________ durante séculos de ________________ estavam num estágio de cultura muito superior ao ________________ brasileiro e tinham uma organização política adiantada, uma arte rica, uma mitologia e um ________________ bem definidos.

Entre esses povos, a música sempre teve uma função social e religiosa. Durante os séculos, a ________________ negra ________________ só podia recorrer mesmo ao canto e à dança como diversão. Mais que isso, no entanto, foi por intermédio dessas ________________ para cantar e dançar que o ________________, de uma outra forma, manteve sua cultura, sua união, sua ________________.

A tradição negra de cantar durante o trabalho era conhecida nas Américas e deu origem a toda música ________________. Assim, surgiram ritmos com influência negra como o lundu, o ________________, o batuque e, mais recentemente, o ________________.

1. É a origem do samba.
2. Palavra quimbundo da qual originou a palavra samba.
3. É o estilo musical que ficou conhecido na década de 1990, cuja palavra significa "reunião de pessoas".
4. Ritmo de maior popularidade no Brasil e hoje é referência do nosso País em qualquer parte do mundo.
5. Foi o primeiro samba gravado a fazer sucesso no final de 1916 e início de 1917.
6. Escola de samba de Cartola e Dona Zica, considerada o reduto do samba.
7. É uma ramificação do samba cuja evolução conta uma história, desenvolve um tema.
8. Foi por meio dela que o samba passou a ser tocado, cantado e difundido entre a população de maior poder aquisitivo.
9. Era a lei que justificava a prisão e as perseguições policiais a capoeiristas, umbandistas e sambistas.

Agora, que tal montar um texto usando os conhecimentos da cruzadinha?

Origem do samba	Discriminação sofrida	1º Samba gravado 1ª Escola de Samba	O Samba na atualidade

Na trilha do samba

Os primeiros passos do samba foram no final do século XIX. Este gênero básico da MPB tem origem nas casas das "tias" baianas da Praça Onze, no centro do Rio de Janeiro. A palavra Samba, provavelmente procedente do *quimbundo*, "samba" (umbigada), era inicialmente dança de roda entre os habitantes dos morros e foi se espalhando por todo o Brasil. Os instrumentos mais usados são o tamborim, o violão, o pandeiro, o cavaquinho, a cuíca, o surdo e as caixas.

O primeiro samba, intitulado "Pelo Telefone", tido e reconhecido pela maioria dos pesquisadores de música popular, foi assinado por Ernesto dos Santos, o Donga, e por Mauro de Almeida.

Com a exploração da Era do Rádio, a partir dos anos de 1930, o samba ganha enorme difusão já ao sabor da indústria musical. E assim segue seu caminho e ganha o reconhecimento dos intelectuais, tornando-se expressão da identidade nacional, matriz fundamental da musicalidade e da cultura brasileira.

Inicialmente por ser uma manifestação popular de origem negra, assim como os jogos de capoeira, o samba e seus praticantes eram discriminados e até presos, por serem considerados baderneiros.

Leia com atenção o texto e veja se você consegue completar os dados que faltam e siga a "Trilha do Samba".

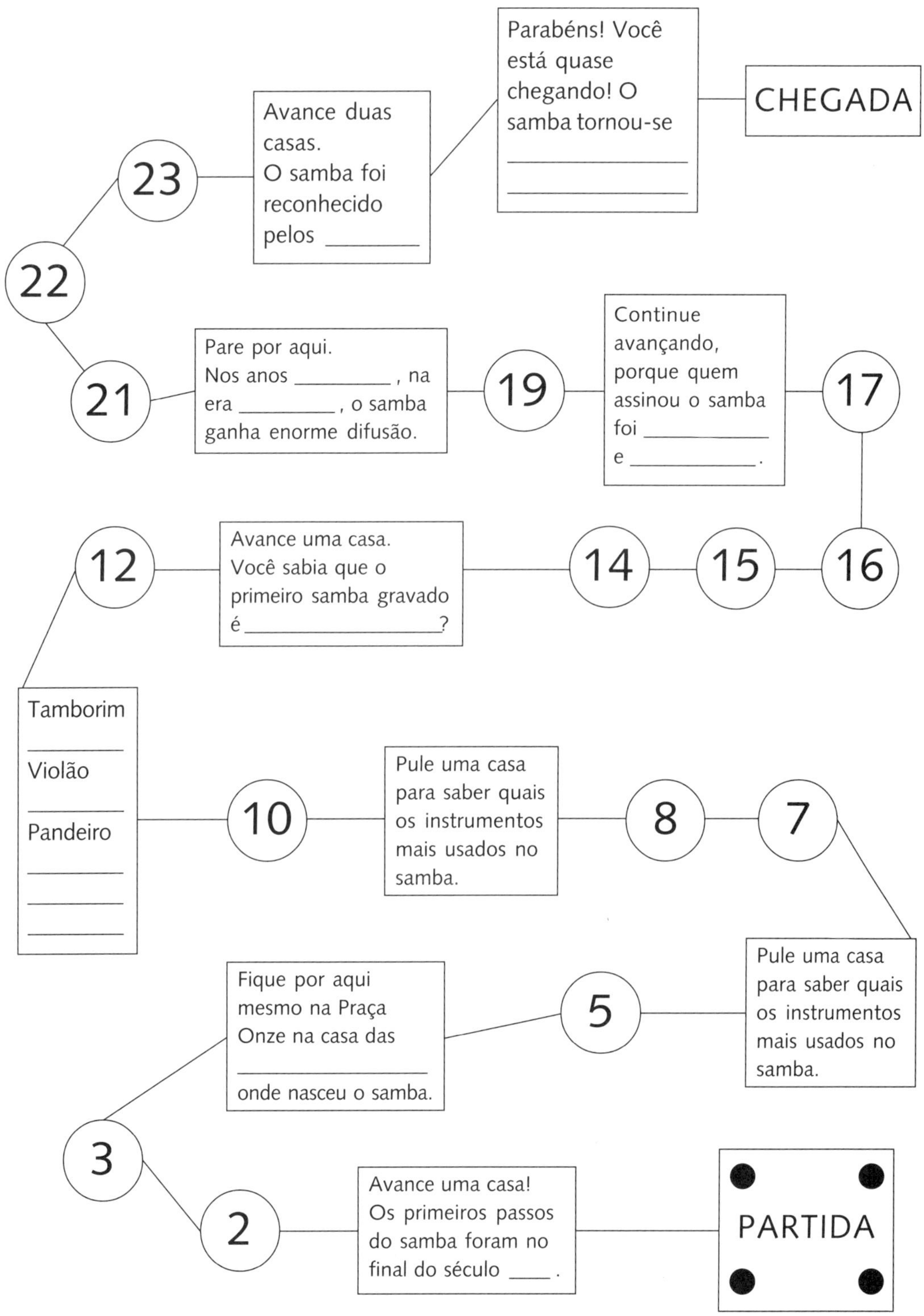

Quem é quem?

Siga as linhas e encontre o nome correto destes importantes compositores brasileiros.

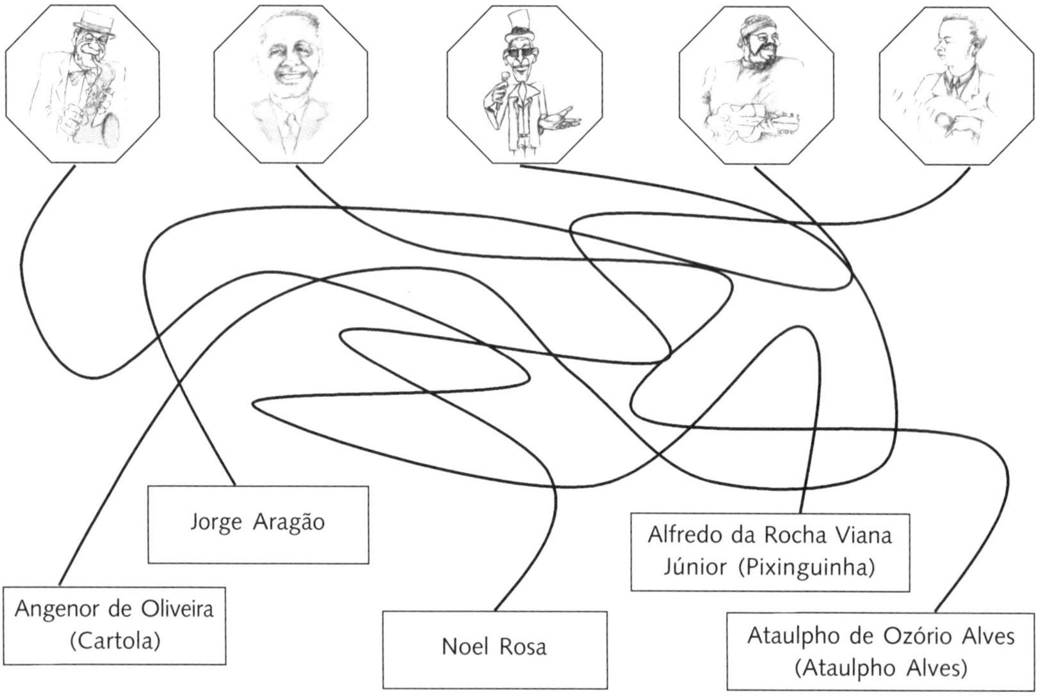

Que tal dividir a turma em grupos, em que cada um ficará responsável por pesquisar um compositor e seus maiores sucessos? Organize as informações adquiridas em um mural.

Quem é quem?

Você é "bamba" no samba?

Coloque o numeral correspondente a cada caricatura dos sambistas no lugar onde se encontra parte da biografia dele.

1

Nasceu em 1908.
Casado com Dona Zica.
Apelidado de Cartola, por usar sempre um chapéu-coco.

2

3

4

Nasceu na Vila Isabel.
Autor de "Palpite infeliz", "Com que roupa".
Morreu aos 26 anos, de tuberculose.

Nasceu em 1921, no Rio de Janeiro.
Autor do samba "A voz do morro", "Tio Sam no samba", "Acender as velas", "Máscara negra".

5

6

Era mineiro de Miraí.
Autor de "Ai, que Saudades da Amélia", "Atire a primeira pedra", "Bonde de São Januário".
Faleceu em 20/04/69.

Nasceu em 1898, no Rio de Janeiro. Com 17 anos tocava em orquestras.
Notável músico, compositor e arranjador.
Autor de "Carinhoso".
Morreu em 1973.

Pertenceu ao grupo Fundo de Quintal. Doze discos lançados. Primeiro disco em 1982. Autor dos sucessos: "Coisinha do pai", "Coisa de Pele", "Identidade".

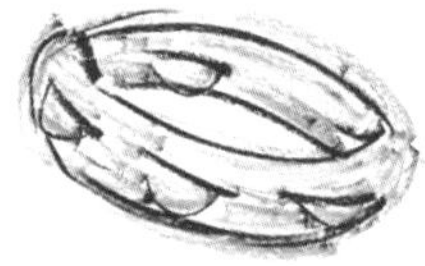

Parte III

Músicas

A flor e o espinho

Guilherme de Brito - Alcides Caminha - Nelson Cavaquinho (1957)

Tire o seu sorriso do caminho
Que eu quero passar com a minha dor
Hoje pra você eu sou espinho
Espinho não machuca a flor
Eu só errei quando juntei minha alma à sua
O sol não pode viver perto da lua

Tire o seu sorriso do caminho...

É no espelho que eu vejo a minha mágoa
A minha dor e os meus olhos rasos d'água
Eu na sua vida
Já fui uma flor
Hoje eu sou espinho em seu amor
Tire o seu sorriso do caminho...

A voz do morro

Zé Kétti (1956)

Eu sou o samba
A voz do morro
Sou eu mesmo, sim senhor
Quero mostrar ao mundo
Que tenho valor
Eu sou o rei dos terreiros

Eu sou o samba
Sou natural daqui do Rio de Janeiro
Sou eu quem levo a alegria
Para milhões de corações brasileiros

Viva o samba
Queremos samba
Quem está pedindo
É a voz do povo do país
Viva o samba
Vamos cantando
Essa melodia pro Brasil feliz.

Agoniza, mas não morre

Nelson Sargento (1978)

Samba
Agoniza, mas não morre
Alguém sempre te socorre
Antes do suspiro derradeiro

Samba
Negro forte e destemido
Foi duramente perseguido
Na esquina, no botequim, no terreiro

Samba
Inocente pé no chão
A fidalguia do salão
Te abraçou, te envolveu
Mudaram toda a tua estrutura
Te impuseram outra cultura
E você nem percebeu

Ai, que saudades da Amélia

Ataulpho Alves - Mário Lago (1942)

Nunca vi fazer tanta exigência
Nem fazer o que você me faz
Você não sabe o que é consciência
Não vê que eu sou um pobre rapaz

Você só pensa em luxo e riqueza
Tudo que você vê, você quer
Ai, meu Deus, que saudade da Amélia
Aquilo, sim, é que era mulher

Às vezes, passava fome a meu lado
E achava bonito não ter o que comer
E quando me via contrariado
Dizia: "Meu filho, o que se há de fazer?"

Amélia não tinha a menor vaidade
Amélia é que era mulher de verdade
Amélia não tinha a menor vaidade
Amélia é que era mulher de verdade

Eu nunca vi fazer tanta exigência...

Você só pensa em luxo e riqueza...

Às vezes, passava fome a meu lado...

Amélia não tinha a menor vaidade...

Aquarela do Brasil

Ari Barroso (1964)

Brasil,
Meu Brasil brasileiro
Meu mulato inzoneiro
Vou cantar-te nos meus versos
O Brasil que faz gingar
O Brasil samba que dá
Bamboleio que faz gingar
O Brasil do meu amor
Terra de Nosso Senhor
Brasil! Brasil!
Pra mim... pra mim...

Ô, abre a cortina do passado
Tira a mãe preta do cerrado
Bota o rei gongo no congado
Brasil! Brasil!

Deixa cantar de novo o trovador
À merencória luz da lua
Toda a canção do meu amor
Quero ver essa "sá dona caminhando
Pelos salões arrastando
O seu vestido rendado
Brasil! Brasil!
Pra mim... pra mim...

Brasil, terra boa e gostosa
Da morena sestrosa
De olhar indiscreto!
O Brasil verde que dá
Para o mundo se admirar
O Brasil do meu amor
Terra de Nosso Senhor
Brasil! Brasil!
Pra mim... pra mim...

Ô, esse coqueiro que dá coco
Oi, onde amarro a minha rede
Nas noites claras de luar
Brasil! Brasil!

Ô, oi essas fontes murmurantes
Oi onde eu mato a minha sede
E onde a lua vem brincar...
Oi... esse Brasil lindo e trigueiro
É o meu Brasil brasileiro
Terra de samba e pandeiro
Brasil! Brasil!
Pra mim... Pra mim...

Atire a primeira pedra

Ataulfo Alves - Mário Lago - Zé Ketti (1944)

Covarde sei que me podem chamar
Porque não calo no peito essa dor
Atire a primeira pedra, ai, ai, ai
Aquele que não sofreu por amor

Covarde sei que me podem chamar...

Eu sei que vão censurar
O meu proceder
Eu sei, mulher
Que você mesma vai dizer
Que eu voltei pra me humilhar
É, mas não faz mal
Você pode até sorrir
Perdão foi feito pra gente pedir

Barracão

Oldemar Magalhães - Luiz Antônio (1953)

Vai, barracão
Pendurado no morro
E pedindo socorro
A cidade a teus pés

Vai, barracão
Tua voz eu escuto
Não te esqueço um minuto
Porque sei que tu és

Barracão de zinco
Tradição do meu país
Barracão de zinco
Pobretão infeliz

Vai, barracão...

Bonde de São Januário

Ataulpho Alves - Wilson Batista (1941)

Quem trabalha é que tem razão
Eu digo e não tenho medo de errar
Quem trabalha é que tem razão
Eu digo e não tenho medo de errar
O bonde São Januário
Leva mais um operário
Sou eu que vou trabalhar

Antigamente eu não tinha juízo
Mas resolvi garantir meu futuro
Veja vocês, sou feliz, vivo muito bem
A boemia não dá camisa a ninguém
É, digo bem

Canta, Brasil

Alcyr Pires Vermelho

As selvas te deram nas noites seus
ritmos bárbaros
Os negros trouxeram de longe reservas
de pranto
Os brancos falaram de amores em suas
canções
E dessa mistura de vozes nasceu o teu
canto.

Brasil
Minha voz enternecida
Já dourou os teus brasões na expressão
mais comovida
Das mais ardentes canções
também
A beleza deste céu
Onde o azul é mais azul
Na Aquarela do Brasil
eu cantei de norte a sul
Mas agora o teu cantar
Meu Brasil, quero escutar
Na prece da sertaneja,
Nas ondas do rio-mar
Oi! Esse rio turbilhão
Entre selvas de rojão
Continente a caminhar
No céu, no mar, na terra
Canta, Brasil!

Canto das três raças

Mauro Duarte – Paulo César Pinheiro (1976)

Ninguém ouviu um soluçar de dor
No canto do Brasil
Um lamento triste sempre ecoou
Desde que o índio guerreiro
Foi pro cativeiro e de lá cantou

Negro entoou um canto de revolta pelos ares
No Quilombo dos Palmares, onde se refugiou
Fora a luta dos inconfidentes
Pela quebra das correntes
Nada adiantou

E de guerra em paz, de paz em guerra,
Todo o povo dessa terra
Quando pode cantar
Canta de dor

E ecoa noite e dia: é ensurdecedor
Ai, mas que agonia
O canto do trabalhador...
Esse canto que devia ser um canto de alegria
Soa apenas como um soluçar de dor.

É luxo só

Ary Barroso - Luiz Peixoto (1957)

Olha esta mulata quando dança
É luxo só
Quando seu corpo todo se embalança
É luxo só

Tem um não sei que te traz a confusão
O que ela não tem, meu Deus, é compaixão
Eta mulata bamba!

Olha esta mulata quando samba...

Porém
Seu coração quando se agita e palpita
Mais ligeiro
Nunca vi
Compasso tão brasileiro

Eta samba, cai pra cá, cai pra lá
Cai pra cá, cai pra lá
Eta samba, cai pra cá, cai pra lá
Cai pra cá, cai pra lá
Mexe com as cadeiras, mulata
Seu requebrado me maltrata, ai, ai

E o mundo não se acabou

Assis Valente (1938)

Anunciaram e garantiram
Que o mundo ia se acabar
Por causa disso a minha gente
Lá de casa começou a rezar
Até disseram que o sol
Ia nascer de madrugada
Por causa disso nessa noite
Lá no morro não se fez batucada

Anunciaram e garantiram...

Acreditei nesta conversa mole
Pensei que o mundo ia se acabar
E fui tratando de me despedir
E sem demora fui tratando de
aproveitar...

Beijei na boca de quem não devia
Peguei na mão de quem não conhecia
Dancei um samba em trajes de maiô
E o tal do mundo não se acabou

Peguei um gajo com quem não me dava
E perdoei a sua ingratidão
E festejando o acontecimento
Gastei com ele mais de quinhentão
Agora eu soube que o gajo anda
Dizendo coisas que não se passou
Vai ter barulho, vai ter confusão
Porque o mundo não se acabou

Feitiço da Vila

Noel Rosa - Vadico (1935)

Quem nasce lá na vila,
Nem sequer vacila
Em abraçar o samba
Que faz dançar os galhos do arvoredo
E faz a lua nascer mais cedo

O sol da vila é triste,
Samba não assiste
Porque a gente implora
Sol, pelo amor de Deus,
Não venha agora
Que as morenas vão logo embora

E a Vila tem
Um feitiço sem farofa,
Sem vela e sem vintém,
Que nos faz bem

Tendo o nome de princesa,
Transformou o samba
Num feitiço decente
Que prende a gente

Lá, em Vila Isabel
Quem é bacharel
Não tem medo de bamba
São Paulo dá café,
Minas dá leite
E a Vila Isabel dá samba

Eu sei tudo que faço
Sei por onde passo
Paixão não me aniquila
Mas tenho que dizer
Modéstia à parte
Meus senhores, eu sou da vila

Identidade

Jorge Aragão

Se o preto de alma branca pra você
É o exemplo da dignidade
Não nos ajuda, só nos faz sofrer
Nem resgata nossa identidade

Elevador é quase um templo
Exemplo pra ninar teu sono
Sai desse compromisso
Não vai no de serviço
Se o social tem dono, não vai...

Quem cede a vez não quer vitória
Somos herança da memória
Temos a cor da noite
Filhos de todo açoite
Fato real de nossa história

Kizomba, Festa da Raça

Luiz Carlos da Vila (1988)

Valeu, Zumbi!
O grito forte dos Palmares
Que correu terras, céus e mares
Influenciando a abolição
Zumbi, valeu!
Hoje a Vila é Kizomba
É batuque, canto e dança
Jongo e maracatu
Vem, menininha, pra dançar o caxambu
(bis)

Ôô,ôô, Nega Mina
Anastácia não se deixou escravizar
Ôô, ôô, Clementina
O pagode é o partido popular

O sacerdote ergue a taça
Convocando toda a massa
Neste evento que congraça
Gente de todas as raças
Numa mesma emoção
Esta Kizomba é nossa Constituição
(bis)

Que magia
Reza, ajeum e orixás
Tem a força da cultura
Tem a arte e a bravura
E um bom jogo de cintura
Faz valer seus ideais
E a beleza pura dos seus rituais

Vem a Lua de Luanda
Para iluminar a rua
Nossa sede é nossa sede
De que o "apartheid" se destrua

Na cadência do samba

Ataulpho Alves - Paulo Gesta (1950)

Sei que vou morrer, não sei o dia
Levarei saudades da Maria
Sei que vou morrer, não sei a hora
Levarei saudades da Aurora

Quero morrer numa batucada de bamba
Na cadência bonita do samba
Quero morrer numa batucada de bamba
Na cadência bonita do samba

Mas o meu nome ninguém vai jogar na lama
Diz o dito popular.
Morre o homem, fica a fama
Quero morrer numa batucada de bamba
Na cadência bonita do samba

O samba da minha terra

Dorival Caymmi (1940)

O samba da minha terra
Deixa a gente mole
Quando se dança todo mundo bole (bis)

Eu nasci com o samba
Com o samba me criei
E do danado do samba
Nunca me separei

O samba da minha terra...

Quem não gosta de samba
Bom sujeito não é
Ou é ruim da cabeça
Ou doente do pé

O samba da minha terra...

Quem não samba também é bole
Quem não mexe também bole
Quem não ginga também bole
Quem é moço também bole
Que é velho também bole

Oh! Seu Oscar

Ataupho Alves - Wilson Batista (1940)

Cheguei cansado do trabalho
Logo a vizinha me falou:
Oh! Seu Oscar
Tá fazendo meia hora
Que sua mulher foi-se embora
E um bilhete deixou
O bilhete assim dizia:
"Não posso mais
Eu quero é viver na orgia"

Fiz tudo para ver seu bem-estar
Até no cais do porto eu fui parar
Martirizando o meu corpo noite e dia
Mas tudo em vão
Ela é, é da orgia

É... parei!

Pelo Telefone (1916-1917)

Ernesto dos Santos (Donga)

O chefe da folia
Pelo Telefone
Manda me avisar
Que com alegria
Não se questione
Para se brincar
Ai, ai, ai
Deixa as mágoas para trás,
Oh rapaz
Ai, ai, ai
Fica triste se é capaz e verás
Tomara que tu apanhes
Pra não tornar a fazer isso
Tirar amores dos outros
Depois fazer teu feitiço

Olha a rolinha
Sinhô, sinhô
Se embaraçou
Sinhô, sinhô
Caiu no laço
Sinhô, sinhô
Do nosso amor
Porque esse samba
Sinhô, sinhô
É de arrepiar
Sinhô, sinhô
Põe perna bamba
E faz gozar

O chefe da polícia pelo telefone
Manda me avisar
Que na carioca tem uma roleta
Para se jogar
Ai, ai , ai
Deixa as mágoas para trás
Oh! rapaz
Ai, ai ai
Fica triste se é capaz e verás

Quando eu me chamar saudade

Nelson Cavaquinho - Guilherme de Brito (1973)

Sei que amanhã quando eu morrer
Os meus amigos vão dizer
Que eu tinha bom coração
Alguns até hão de chorar
E querer me homenagear
Fazendo de ouro um violão

Me dê as flores em vida
O carinho, a mão amiga
Para aliviar meus ais
Depois que eu me chamar saudade
Não preciso de vaidade
Quero preces e nada mais

Mas e depois que o tempo passar
Sei que ninguém vai se lembrar
Que eu fui embora
Por isso é que eu penso assim
Se alguém quiser fazer por mim
Que faça agora

Rugas

Nelson Cavaquinho - Ary Monteir - Augusto Garcez (1946)

Se eu for pensar muito na vida
Morro cedo, amor
Meu peito é forte
Nele tenho acumulado tanta dor
As rugas fizeram residência
No meu rosto
Não choro pra ninguém
Me ver sofrer de desgosto

Eu, que sempre soube
Esconder a minha mágoa
Nunca ninguém me viu
Com os olhos rasos d'água
Finjo-me alegre
Pro meu pranto ninguém ver
Feliz aquele que sabe sofrer

Se eu for pensar muito na vida...

Sorriso negro

Adilson Barbado - Jorge Portela e Jair Carvalho

Negro é raiz da liberdade
Negro é a raiz da liberdade

Um sorriso Negro
Um abraço Negro
Traz felicidade
Negro sem emprego
Fica sem sossego
Negro é de raiz da liberdade.

Negro é uma cor de respeito
Negro é inspiração
Negro é silêncio, é luto
Negro é solidão
Negro que já foi escravo
Negro é a voz da verdade
Negro é destino, é amor
Negro também é saudade.

Tive sim

Cartola (1968)

Tive, sim
Outro grande amor
Antes do teu
Tive, sim
O que ela sonhava
Eram os meus sonhos
E assim
Íamos vivendo em paz

Nosso lar
Em nosso lar
Sempre houve alegria
Eu vivia tão contente
Como contente ao teu lado estou

Tive, sim
Mas comparar com o teu amor
Seria o fim
Eu vou calar
Pois não pretendo, amor, te magoar

Volta por cima

Paulo Vanzolini (1962)

Chorei
Não procurei esconder
Todos viram
Fingiram
Pena de mim não precisava
Ali onde eu chorei
Qualquer um chorava
Dar a volta por cima que eu dei
Quero ver quem dava

Chorei...

Um homem de moral
Não fica no chão
Nem quer que mulher
Lhe venha dar a mão
Reconhece a queda
E não desanima
Levanta, sacode a poeira
Dá a volta por cima
Levanta, sacode a poeira
Dá a volta por cima

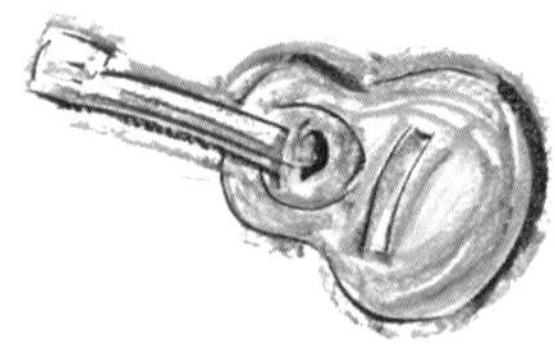

Conclusão

O racismo não se resume meramente ao preconceito, à cor da pele. Manifesta-se na profunda negação do diferente, em seu contexto existencial e de visão de mundo. Os povos negros e indígenas são olhados como se ainda fossem apenas ex-escravos: brasileiros sem raízes culturais e históricas.

Tal como aconteceu no restante do País, na fase pós-abolição, verificou-se, como projeto das elites dominantes, a exclusão e marginalização da população negra e sua produção cultural, que sempre trafegou por circuitos periféricos sem (re)conhecimento por parte do Estado e do conjunto da sociedade.

As elites racistas e conservadoras, por intermédio do exercício da dominação ideológica sobre a sociedade, procuram de todas as formas impedir, distorcer, negar e cooptar uma visão de mundo que as sustenta e que entra em conflito com a sua visão e que pode, eventualmente, pôr em risco seus privilégios raciais e seu poder.

Talvez, por essa razão, é que chamam a cultura de um povo de folclore, de cultura marginal urbana, escamoteando a visão de mundo que sustenta essas elites e que, a partir da qual, poder-se-ia construir alternativas culturais e políticas contrárias aos seus interesses.

Não é por acaso que a cultura negra passa a se constituir um poderoso instrumento de manipulação política, com vistas à inferiorização racial e social do negro. Referem-se à produção cultural negra como menor, folclórica, à qual se patrocina ou se assiste, com a postura da superioridade das elites. Circunscreve-se a cultura negra à culinária, ao libidinoso, ao lúdico e ao ritual religioso, às externalidades. Além disso, a cultura negra só é absorvida quando esses aspectos estão DESREFERENCIADOS da história de opressão e lutas do povo negro, dentro e fora da África.

A adoção de alguns símbolos negros como marcas da cultura nacional cumpre um papel político importante, na medida em que encobre o RACISMO e previne a emergência de conflitos, oferecendo ao negro a ilusão de também participar, de contribuir para a configuração da imagem da sociedade brasileira. A violência racial pela via da manipulação política da cultura negra expressa-se, sem máscaras, quando o "RECONHECIMENTO" da importância do negro no espaço da cultura, *strictu sensu*, dá-se em troca de sua subordinação econômica e de seu alijamento das esferas de decisão da sociedade.

Também não se admite que, ao longo da história da humanidade, o povo negro contribuiu para a produção de uma cultura universal que transcende a todos os povos e que frequentemente é apropriada pelos brancos, e mesmo pela sociedade, sem a revelação de suas origens.

Assim como a política que a tudo penetra, a especificidade universal da cultura negra, embora empreste para este País o traço fundamental de sua identidade para o mundo, enfrenta a permanente contraposição das elites que procura extirpá-la do seio da sociedade, como se fosse um tumor, de suprimir-lhe o teor libertário e transformador, perplexas diante da explosão criativa do conjunto de formas de sobrevivência que sustenta o povo negro.

A invisibilidade da expressiva população negra ainda permanece, mesmo depois das lutas dos movimentos sociais e mesmo depois de nos afirmamos pelo substantivo negro. E se o adjetivo nos desclassificava, é bom lembrar que o dicionário lhe atribui o belíssimo conceito da ciência óptica: negra é a cor que absorve toda a radiação luminosa que sobre ela incide.

Enfim, a cultura negra é universal. Afirmar a universalidade da nossa cultura é o desafio de todos aqueles que se propõem a trabalhar com a pluralidade cultural do Brasil. Isso é necessário para potencializar, cada vez mais, a inesgotável explosão criativa que sustenta a vida e a sobrevivência do povo negro sem território na nação brasileira. Hoje, a busca de referências culturais coloca-se, portanto, na base da metamorfose do negro em cidadão.

E, mais do que nunca, colocamo-nos diante de uma conclusão inescapável: toda política cultural que se queira como um instrumento de expansão da vida tem que ser também e fortemente uma política em busca da memória, uma política de patrimônio cultural. O patrimônio entendido como defesa da vida: algo que reponha, de alguma maneira, diante e dentro das pessoas "**a força de lembrar a própria força**".

Referências

BENTO, Maria Aparecida Silva. *Cidadania em preto e branco:* discutindo as relações raciais. 2. ed. São Paulo: Ática, 1999.

CANÇADO, José Maria. *A experiência cultural como exigência de cidadania e aventura de liberdade*. Belo Horizonte: Secretaria Municipal de Cultura, Mimeografado, 1993.

CARDOSO, Marcos Antônio. *O movimento negro*. Belo Horizonte: Mazza Edições, 2002.

_____ e SIQUEIRA, Maria de Lourdes. ***Zumbi***. Belo Horizonte: Mazza Edições, 1995.

_____ *Centro de Referência da Cultura Negra*. Belo Horizonte: Secretaria Municipal de Cultura, Mimeografado, 1994.

Racismo e Cidadania. Belo Horizonte: Seminário Internacional por uma Sociedade Inclusiva – PUC/MG, Mimeo, 2001.

ESTANISLAU, Lídia Avelar. *O espaço do Centro de Cultura Negra:* patrimônio e memória – patrimônio e memória? In: SEMINÁRIO: O Centro de Referência da Cultura Negra. Belo Horizonte, 1994. Mimeografado.

_____ *Afro-horizonte*. Belo Horizonte: Secretaria de Estado da Cultura, n.32, dez. 1997. Suplemento Literário, edição especial.

_____ *Memória brasileira: este insaciável objeto do desejo*. Brasília: Cadernos ENAP, v. 1, n.2, 1993.

MNU – *Programa de Ação: Movimento Negro Unificado*. In: CONGRESSO NACIONAL DO MNU, 9, 1990, Belo Horizonte. Mimeografado.

SANTANA, Patrícia Maria de Souza. *Uma visão crítica do cotidiano escolar na perspectiva anti-racismo*. Belo Horizonte, 1997. Mimeografado.

SODRÉ, Muniz. *A verdade seduzida:* por um conceito de cultura no Brasil. Rio de Janeiro: Codecri, 1983.

_____ *O terreiro e a cidade:* a forma social negro-brasileira. Petrópolis: Vozes, 1988.

SOUZA, Laura de Mello *et al*. *Desclassificados do Ouro:* a pobreza mineira no século XVIII. Rio de Janeiro: Graal, 1982.

LEI Nº 11.645, DE 10 MARÇO DE 2008.

Presidência da República

Casa Civil

Subchefia para Assuntos Jurídicos

LEI Nº 11.645, DE 10 MARÇO DE 2008.

Altera a Lei nº 9.394, de 20 de dezembro de 1996, modificada pela Lei nº 10.639, de 9 de janeiro de 2003, que estabelece as diretrizes e bases da educação nacional, para incluir no currículo oficial da rede de ensino a obrigatoriedade da temática "História e Cultura Afro-Brasileira e Indígena".

O PRESIDENTE DA REPÚBLICA Faço saber que o Congresso Nacional decreta e eu sanciono a seguinte Lei:

Art. 1º O art. 26-A da Lei nº 9.394, de 20 de dezembro de 1996, passa a vigorar com a seguinte redação:

"Art. 26-A. Nos estabelecimentos de ensino fundamental e de ensino médio, públicos e privados, torna-se obrigatório o estudo da história e cultura afro-brasileira e indígena.

§ 1º O conteúdo programático a que se refere este artigo incluirá diversos aspectos da história e da cultura que caracterizam a formação da população brasileira, a partir desses dois grupos étnicos, tais como o estudo da história da África e dos africanos, a luta dos negros e dos povos indígenas no Brasil, a cultura negra e indígena brasileira e o negro e o índio na formação da sociedade nacional, resgatando as suas contribuições nas áreas social, econômica e política, pertinentes à história do Brasil.

§ 2º Os conteúdos referentes à história e cultura afro-brasileira e dos povos indígenas brasileiros serão ministrados no âmbito de todo o currículo escolar, em especial nas áreas de educação artística e de literatura e história brasileiras." (NR)

Art. 2º Esta Lei entra em vigor na data de sua publicação.

Brasília, 10 de março de 2008; 187º da Independência e 120º da República.

LUIZ INÁCIO LULA DA SILVA

Fernando Haddad

Este livro foi composto em tipologias Berkeley-Book, Syntax e Teen (normal e bold) e impresso em papel Offset 90 g/m² (miolo) e Cartão Supremo 250 g/m² (capa) no ano de dois mil e nove.